Tous sociétaires !

L'entreprise mutualiste, un modèle pour la société du XXIe siècle

ISBN : 978-2-0802-8258-3

Adrien Couret

Tous sociétaires !

L'entreprise mutualiste, un modèle pour la société du XXIe siècle

Préface de Claude Alphandéry

Autrement

Pour Alban, et sa patience
Pour Alexandre, et sa science
Pour Pascal et Jean-Philippe, et leur présence

Préface

D'une Résistance à l'autre

Nous étions peu nombreux après la capitulation de 1940 à résister à la barbarie nazie et à ses alliés de Vichy. Nos actions incitatives, mais dispersées, n'avaient qu'un impact marginal. Le Service du travail obligatoire (STO) en Allemagne a changé la donne en contraignant une large partie des travailleurs – qui n'étaient pas à proprement parler des résistants mais ont refusé d'être les esclaves des Allemands – à se cacher dans les maquis. Dépaysés, désœuvrés pour la première fois de leur vie, ils ont appris à se connaître, à discuter entre eux ; ils sont devenus des citoyens s'engageant à libérer la France et à construire, avec le Conseil national de la Résistance (CNR), un État social et solidaire.

Les circonstances actuelles ne sont bien sûr pas les mêmes ; les crises économiques, sociales, écologiques, les variantes de la pandémie paraissent moins destructrices, mais sont plus sournoises que la guerre d'élimination totale menée par les nazis. Comme alors, des malheurs extrêmes entraînent de multiples résistances. Et lorsque celles-ci parviennent à se regrouper, un bouleversement peut se produire, leur combat peut devenir irrésistible. En 1943, le STO avait déclenché une ruée vers les maquis, unissant les citoyens et donnant ainsi force au programme du CNR. De la même manière, une pandémie ou une catastrophe climatique peuvent aujourd'hui nous rassembler et nous galvaniser, d'autant plus si nous sommes déjà engagés dans des actions de résistance et de progrès.

Encore faut-il, pour que cet électrochoc, ce mouvement irrésistible se produise, qu'il ait été préparé par un profond travail d'opinion. C'était le cas avec l'action des groupes de la Résistance. Ce peut l'être aujourd'hui ; il est heureux en effet de constater qu'émergent et se développent sur certains territoires ruraux ou citadins de multiples initiatives regroupant de nombreux partenaires et activités, amorçant de nouveaux ensembles de production. Ces efforts pour consolider, élargir, généraliser des essais stimulants, c'est l'ébauche d'une métamorphose systémique globale dont les traits ne sont pas encore dessinés, qui ne peut être que progressive, d'une région à l'autre, sur le plan national, européen, mondial.

Je suis convaincu que l'économie sociale et solidaire, et notamment le mutualisme, porte un modèle qui met en cohérence des avancées sociales, culturelles, écologiques, démocratiques, traitées séparément jusqu'ici ; un modèle qui peut être un outil majeur de rassemblement. Le progrès de ces avancées dépend des citoyens ; vos initiatives, votre inventivité, votre capacité de coopérer seront déterminantes pour opérer un choc, un basculement de l'opinion, pour convaincre les médias et les pouvoirs publics que ces actions citoyennes sont le prélude à de profondes transformations.

Ce que vous pouvez construire, les projets communs, entrepreneuriaux, associatifs, coopératifs qui germent sur les territoires, ces projets qui résistent à toutes les formes de mal-vivre, de maladie, de dépendance, d'exclusion, de discrimination, tout cela ce sont les maquis d'aujourd'hui.

Claude Alphandéry

Préambule

Cet essai est né de ma volonté de sortir d'un paradoxe. En ces temps de pandémie et de dérèglement climatique, jamais la société et les pouvoirs publics ne se sont autant interrogés sur la responsabilité sociale et environnementale des entreprises, comme si l'entreprise et l'intérêt général étaient par principe deux notions contradictoires. Pourtant, jamais ils n'ont eu sous les yeux autant d'exemples d'entreprises portant en leur origine même un projet en faveur du bien commun : les entreprises de l'économie sociale et solidaire (ESS), les associations, mutuelles, coopératives, ou encore les structures issues de l'entrepreneuriat social. Pourquoi donc une telle ignorance ?

Quelques chiffres pour illustrer le caractère significatif et donc exemplaire de ce mouvement : l'ESS en France, ce sont plus de 160 000 entreprises regroupant 2,4 millions de salariés, soit 14 % de l'emploi privé en France. Dans de nombreux secteurs économiques vitaux pour les Français – comme la banque, l'assurance, l'aide à domicile, les activités sanitaires et sociales, l'insertion professionnelle –, les entreprises de l'ESS représentent plus du tiers, et parfois plus encore, de l'activité réalisée. Cette économie réellement alternative, parfois reléguée au rang de douce utopie, a néanmoins une existence profonde, ancienne et ancrée dans les territoires. Elle signifie la proximité des bénéficiaires ; des emplois non délocalisables et une activité qui fait souvent travailler aussi l'économie de proximité ; l'absence d'actionnaires et donc d'intérêts financiers primant sur l'intérêt des bénéficiaires finaux, dans le cadre d'une lucrativité limitée. Mais plus encore, les entreprises de l'ESS portent toutes dans leur origine un même cri de naissance, celui de la société civile qui choisit librement de s'organiser par elle-même, bien souvent parce qu'elle n'a pas pu trouver autour d'elle de solutions à ses problèmes, ni dans le secteur privé traditionnel ni dans le secteur public. Nous organiser nous-mêmes, quand autour de nous les institutions ou le contexte peuvent être défaillants ou inadaptés : un choix politique qui résonne dans le monde d'aujourd'hui.

C'est la rencontre de cette singularité de l'ESS qui a été une révélation pour l'étudiant en dernière année d'HEC que j'étais alors. Par l'atavisme d'une famille d'enseignants, je cherchais à donner à ma vie une orientation liée à l'intérêt général, durant un temps via l'engagement associatif, puis via le monde de la recherche. J'étais un peu perdu dans mes choix. Celui de ma spécialité de dernière année, tournée vers la découverte des formes alternatives d'entreprises, fut l'occasion d'explorer ce continent majeur et souterrain de la société et de l'économie françaises que sont les mutuelles, composante à part entière de l'ESS, mais aussi du secteur de l'assurance. Ce continent mutualiste m'a immédiatement séduit comme citoyen. J'y ai commencé mon engagement professionnel, à la Macif en 2008, avec la fierté de porter une différence que je poursuis avec un enthousiasme renouvelé – près de quinze ans plus tard et sous des formes différentes. Quel autre paradoxe de découvrir le monde mutualiste par le biais de HEC, pourtant réputée comme le temple d'une pensée managériale mainstream et uniforme !

Les racines du modèle mutualiste sont nombreuses et anciennes, mais elles puisent toutes dans un même besoin social : créer de nouvelles protections accessibles pour des populations qui s'en trouvent dépourvues. Le mouvement des mutuelles santé relevant du Code de la mutualité trouve son origine dans les caisses de secours mutuel à forte dimension locale du début du XIXe siècle. Les sociétés d'assurance mutuelle d'aujourd'hui, relevant du Code des assurances, proviennent de la couverture de risques agricoles à la même époque, et plus récemment – au milieu du XXe siècle – de l'extension des besoins de couverture au plus grand nombre pour les assurances automobile, au moment où l'usage de la voiture s'est démocratisé avec l'émergence de la société de consommation. Santé, automobile, habitation : plus d'un Français sur deux est aujourd'hui sociétaire ou adhérent d'une mutuelle, sans nécessairement en être conscient. Et si les Français bénéficient aujourd'hui des assurances automobile les moins chères d'Europe, ou du reste à charge moyen en santé le plus bas du continent, c'est à la pression régulière de ces entreprises atypiques qu'ils le doivent.

Cette réussite discrète et inscrite dans la durée tient à trois caractéristiques du modèle mutualiste, qui sont aussi des sources d'inspiration à l'heure où les entreprises en général cherchent à démontrer leur alignement avec l'intérêt de la société.

La première caractéristique est *politique* : le pouvoir aux assurés. À la différence des entreprises traditionnelles, les mutuelles sont gouvernées directement par leurs assurés, appelés sociétaires (selon la terminologie du Code des assurances) ou adhérents (selon la terminologie du Code de la mutualité). Être sociétaire, c'est bénéficier – en plus d'une garantie d'assurance – d'un droit politique, celui de participer à la vie de la mutuelle et d'élire parmi ses pairs ceux qui forment l'assemblée générale et le conseil d'administration de la mutuelle. Un conseil d'administration composé de sociétaires, cela change tout, et je le vois depuis plusieurs années que j'exerce des fonctions dirigeantes. Quand je prends part à des débats du conseil d'administration sur des décisions importantes, la première question des administrateurs n'est jamais « Combien cela rapporte-t-il ? » mais « En quoi cela sert-il nos sociétaires ou les valeurs mutualistes ? ». Ce rappel constant de la finalité de l'entreprise est d'autant plus fort qu'il est aussi un rappel de ses origines et de son identité constitutive.

La deuxième caractéristique est *économique* : l'efficacité pour les assurés. N'ayant pas d'actionnaires à rémunérer, et donc pas de dividendes ponctionnant l'activité, les mutuelles peuvent consacrer tous leurs résultats à investir en faveur des bénéficiaires, un peu à l'image d'une économie circulaire : justesse des prix, complétude des garanties, qualité du service, investissements de long terme, solidité financière de la mutuelle. Les dividendes que versent les compagnies traditionnelles à leurs actionnaires représentent régulièrement 1 à 2 % de leurs cotisations. Comment imaginer que cela n'ait pas d'incidence au long cours ? Cela explique pourquoi l'on retrouve régulièrement des mutuelles en tête des palmarès de satisfaction, d'image ou de compétitivité tarifaire : la redistribution aux sociétaires sur le long terme l'emporte sur la redistribution aux actionnaires sur le court terme.

La troisième caractéristique est *sociale* : une mutuelle est de fait une partie intégrante de la société. Beaucoup d'entreprises cherchent aujourd'hui à démontrer leurs efforts pour tenir compte des enjeux sociaux qui les entourent, comme si cela conférait un supplément d'âme à leur business. Mais une mutuelle ne « cherche » pas à faire société, elle est *en elle-même* un petit morceau de société. Car les gens qui la gouvernent ne sont pas des administrateurs professionnels ni des représentants de fonds d'investissement, mais des femmes et des hommes qui ressemblent à celles et ceux qu'ils représentent. Ils sont salariés, cadres, retraités, entrepreneurs, professions libérales, militants associatifs ou syndicaux. Au sein d'Aéma Groupe, qui regroupe désormais Macif, Aésio Mutuelle et Abeille Assurances (ex-Aviva France), ce sont ainsi près de 2 000 délégués de sociétaires ou d'adhérents qui font vivre cette gouvernance au quotidien.

Ces objets parfois centenaires que sont les mutuelles sont finalement des entreprises gouvernées par les sociétaires et pour les sociétaires, et dans lesquelles l'argent des sociétaires est réinvesti pour eux. Quoi de plus moderne lorsque l'on regarde aujourd'hui les aspirations de nos concitoyens face aux entreprises ou aux institutions dont ils se défient ?

L'entreprise du XXIe siècle sera mutualiste ou bien ne sera pas. Car les nouveaux champs d'application du projet mutualiste ne vont pas manquer face aux transitions à venir, de quelque nature qu'elles soient. C'est ce que je me suis appliqué à éclairer dans cet ouvrage.

Avant-propos

Choc et leçons de la pandémie

Vivre dans une « société du risque »

Au printemps 1986, le sociologue allemand Ulrich Beck s'apprêtait à publier un livre destiné à connaître un certain retentissement, *La Société du risque*[1]. Alors que l'ouvrage était pratiquement sous presse, un événement dramatique vint en confirmer la thèse centrale de manière spectaculaire : dans la nuit du 26 avril, l'un des réacteurs de la centrale nucléaire de Tchernobyl explosa, entraînant des accidents en chaîne et causant l'une des plus grandes catastrophes industrielles, sanitaires et environnementales du XXe siècle. Beck dut écrire à la hâte un avant-propos où il ajouta le nom de cette ville d'Ukraine jusqu'ici inconnue à d'autres déjà tristement célèbres :

1. Ulrich Beck, *La Société du risque : sur la voie d'une autre modernité*, Paris, Aubier, 2001. Ouvrage original : *Risikogesellschaft: Auf dem Weg in eine andere Moderne*, Francfort-sur-le-Main, Suhrkamp, 1986.

Harrisburg aux États-Unis, Bhopal en Inde. Ce que démontrait ce nouvel accident, expliquait Beck, c'est que le risque est désormais global et peut toucher n'importe qui, n'importe où, n'importe quand. Face à des risques de cette nature, il est à peu près impossible de se retrancher dans des « zones protégées », affirmait le sociologue.

La « société du risque » qu'Ulrich Beck décrit dans son ouvrage, c'est la nôtre : moderne, sophistiquée, interconnectée, mondialisée. Une société profondément transformée par deux siècles de progrès scientifiques et de ruptures technologiques. Une société parfois prise de vitesse par ses propres innovations, tant elles se sont accélérées ces dernières décennies à un rythme vertigineux. Et une société confrontée à un paradoxe : alors qu'elle travaille en permanence à réduire l'incertitude et à rendre l'avenir prévisible, cette société reste étonnamment perméable au risque et vulnérable à des catastrophes de grande ampleur.

Printemps 2020. L'épidémie de Covid-19 se répand irrésistiblement sur les cinq continents. Accident de laboratoire ? Pandémie d'origine animale ? Ici encore, même si l'éventualité de pandémies est agitée par les biologistes depuis de nombreuses années, l'effet de surprise est immense. On est sidéré par la diversité déconcertante des formes de risque. On essaie de surmonter sa stupéfaction en dénonçant l'impréparation ou l'incurie supposée des uns et des autres. Mais l'on comprend aussi que, dans un monde hypercomplexe, anticiper chaque risque, qui peut potentiellement surgir, quotidiennement, de milliards d'interactions possibles entre l'homme et son environnement, est proprement impossible. C'est cela, la société du risque.

La pandémie de coronavirus a provoqué en France et dans le monde une crise sanitaire sans précédent. Des scénarios qui paraissent tout droit sortis de films de science-fiction se sont brutalement imposés à nous : du jour au lendemain, la moitié de la planète s'est retrouvée cloîtrée chez elle, les économies nationales les plus puissantes ont été mises à l'arrêt. Des millions de personnes à travers le monde se sont retrouvées au chômage partiel ou total. De nombreuses faillites et des banqueroutes ont eu lieu, dont les personnes socialement les plus vulnérables ont été les premières à pâtir. Et les médias ont fait chaque jour le décompte macabre des victimes. Si la vie a progressivement repris, c'est en pointillé, timidement, avec des coups d'arrêt et des retours en arrière, toujours sous conditions. Aujourd'hui encore, beaucoup d'incertitudes demeurent. Les conséquences humaines, sociales et économiques de ces longs mois d'épidémie sont encore difficiles à évaluer, mais elles sont de fait considérables et ce choc inédit laissera de profondes traces.

Que l'on considère cette crise comme un avertissement, comme un phénomène susceptible de se reproduire sous diverses formes, ou comme une répétition générale avant le grand effondrement, elle marque en tout cas une rupture dans le cours de nos vies, rupture que nous devons essayer d'analyser. Tentons, humblement, d'avancer quelques idées et de tirer quelques leçons depuis la perspective qui est la nôtre : celle d'assureurs mutualistes, dont le cœur de métier réside dans la protection des personnes et la prévention des risques. Et commençons par ce qui est, après tout, une bonne nouvelle. La lutte contre la pandémie, soutenue pendant des mois grâce à un effort collectif exceptionnel, signifie une chose essentielle : la vie humaine prime sur tout le reste. Ce rappel, dans des conditions certes dramatiques, redonne du baume au cœur et insuffle un peu de confiance, tant l'être humain semble parfois oublié dans les logiques systémiques de l'économie, tant il paraît se perdre au sein d'une mondialisation sans responsable ni sujet, tant les révolutions technologiques laissent souvent craindre, à tort ou à raison, l'avènement d'un monde désincarné où l'intelligence artificielle prendrait la place de l'être humain. Cette pandémie, qui a tout mis en désordre, a rétabli en même temps quelques priorités : l'être humain, le respect de sa vie, de sa santé, sont au cœur de nos sociétés et doivent le rester.

Ce sens de l'humain a transparu de manière magistrale à travers les chaînes de solidarité qui se sont spontanément établies dès le début de la pandémie, entre amis, entre voisins, entre habitants d'un même quartier, d'une même ville, entre générations, à travers le dévouement exemplaire de tous les personnels soignants, subitement mis en lumière dans les Ehpad et les hôpitaux, engagés sans relâche dans la protection des personnes les plus fragiles et le soin des malades. On a aussi pris conscience du rôle crucial des travailleurs « de l'aube et du soir », peu payés, socialement peu considérés, et sans lesquels une société ne peut fonctionner : livreurs, caissiers, éboueurs… On a également mieux compris, alors que des millions d'enfants restaient confinés chez eux, à quel point l'école est une institution irremplaçable : l'école où se forment les intelligences et où se nouent les amitiés, et sans laquelle les inégalités sociales se creusent encore davantage. Et l'on a pu apprécier à sa juste valeur la nature du lien qui nous relie les uns aux autres, nous, personnes de chair et de sentiments. Non, personne n'a envie que cette « distanciation physique » et ces masques qui recouvrent la moitié de notre visage deviennent notre nouveau mode de vie, notre nouvelle normalité.

Cette crise exceptionnelle qui nous touche dans notre quotidien aura peut-être la vertu de provoquer un choc salutaire. Que ces prises de conscience ne soient pas un éclair passager, mais produisent bel et bien un changement des mentalités, un changement de paradigme. Car on le sait : notre modèle de développement économique, fondé sur le cercle vicieux d'une surconsommation sans fin et d'une exploitation prédatrice de nos ressources, n'est plus tenable.

Notre solidarité à l'épreuve des défis du monde

La crise sanitaire pose un verre grossissant sur les enjeux immenses auxquels notre époque est confrontée. L'enjeu environnemental, d'abord. S'il reste, redisons-le, à en éclaircir les causes exactes, l'épidémie de Covid-19 est probablement liée à l'activité humaine : les dérèglements climatiques, la déforestation, l'urbanisation galopante, la pollution de l'air et de l'océan altèrent dramatiquement la biodiversité et les habitats naturels. En moins de deux siècles, avec une accélération brutale ces dernières décennies, l'activité humaine a réussi à perturber des écosystèmes terrestres et marins qui s'étaient constitués sur des millions d'années. Les scientifiques préviennent que d'autres attaques de virus pourraient survenir, plus sévères, plus destructrices, plus massives, venant par exemple de virus inconnus ou oubliés, libérés par la fonte du permafrost en Alaska, au Canada ou en Sibérie.

Depuis plus de trente ans, la communauté scientifique tire la sonnette d'alarme : notre planète est en surchauffe. À chacun de ses rapports, le Giec (Groupe d'experts intergouvernemental sur l'évolution du climat) dessine des scénarios plus inquiétants. Il n'y a pas si longtemps, les scientifiques envisageaient que la température globale puisse augmenter, d'ici à la fin du XXIe siècle, de +1,5 °C par rapport à l'ère préindustrielle, si les pays ne faisaient rien pour inverser la tendance. Dans son dernier rapport d'août 2021, le Giec considère désormais que ce seuil sera atteint dès 2030 et que l'augmentation de la température globale pourrait se situer à la fin des années 2000 entre +4 et +5 °C ! Pour briser cette évolution et contenir le réchauffement en dessous de +2 °C (objectif de l'accord de Paris de 2015), il faudrait que tous les pays du monde stoppent définitivement leurs émissions de CO_2 dans les dix ans qui viennent. Mission impossible, quand on regarde nos modes de développement, toujours plus consommateurs d'énergies fossiles. En 1960, le monde rejetait 15 milliards de tonnes de gaz à effet de serre dans l'atmosphère. En 2020, le chiffre se situe autour de 40 à 50 milliards[1]. Pire : étant donné l'effet cumulatif des émissions de gaz à effet de serre, quoi que nous fassions maintenant, les vingt ou trente années à venir sont déjà écrites. Vingt ou trente ans, autrement dit le monde que nous allons laisser à nos enfants.

Ce monde sera plus inhospitalier – et même en partie invivable. Les effets du réchauffement climatique sont déjà très palpables en Europe et en France, régions pourtant soustraites aux extrêmes climatiques : augmentation des vagues de chaleur (avec deux canicules durant l'été 2019), intensification

1. Voir notamment la conférence de Valérie Masson-Delmotte, directrice de recherches au CEA et membre du Giec, « Changement climatique : chaque demi-degré compte », Université Grenoble-Alpes, mai 2019, accessible en ligne.

des sécheresses, épisodes de tempêtes et de pluies torrentielles. À terme, les conséquences sur notre santé, notre sécurité alimentaire, notre approvisionnement en eau, notre économie, notamment notre agriculture et notre élevage, risquent d'être dramatiques et placeront notre pays en situation de crise permanente.

Les pouvoirs publics, sous la pression des scientifiques et face à la mobilisation toujours plus active d'une partie de la société civile, se sont enfin saisis du problème, notamment à travers le plan climat. Un peu tard certes, puisqu'il ne s'agit même plus d'inverser la courbe mais d'essayer d'endiguer la catastrophe et de trouver les moyens de s'y adapter. « La France doit se préparer à un choc climatique », ont prévenu les sénateurs Jean-Yves Roux et Ronan Dantec dans leur rapport d'information commandé par la délégation à la prospective du Sénat en 2019. Le titre du rapport a valeur d'avertissement : « Adapter la France aux dérèglements climatiques à l'horizon 2050 : urgence déclarée[1] ».

Pour répondre à cette urgence, les sénateurs identifient trois leviers : d'abord la recherche de solutions à l'échelle des territoires car chaque région possède des spécificités en termes d'environnement et de ressources, d'urbanisme et d'agriculture ; ensuite,

---

1. Jean-Yves Roux et Ronan Dantec, « Adapter la France aux dérèglements climatiques à l'horizon 2050 : urgence déclarée », Senat.fr, 16 mai 2019.

un soutien accru à la recherche scientifique et un accès facilité aux données ; enfin, la mise en place d'une couverture assurantielle qui soit mieux adaptée et qui incite les acteurs économiques à s'engager davantage dans la transition écologique. Il est en effet certain que cette transition ne se fera pas sans une implication déterminante des métiers de l'assurance : en redessinant les modèles de couverture, mais aussi et surtout en travaillant à la prévention des risques.

Miser sur les territoires, comme le recommande le rapport d'information du Sénat, ainsi que le plan climat, est-il le remède miracle à tous nos problèmes ? Sans doute pas. Désenchevêtrer toutes les interdépendances que nous avons tissées à travers le monde depuis des décennies n'est probablement ni possible ni souhaitable : aucune économie nationale n'est autosuffisante, notre pays vit de ses importations comme de ses exportations, et nous avons collectivement atteint, grâce au commerce et au libre-échange, un confort matériel et une liberté de circulation auxquels beaucoup ne voudraient renoncer. Par ailleurs, réduire les chaînes de valeur pour les rendre moins fragmentées et plus résistantes aux chocs aurait nécessairement un coût pour les consommateurs, qu'ils devraient être prêts à payer[1].

1. Voir l'entretien avec l'économiste Isabelle Déjean, « La relocalisation est une fausse bonne idée », *Le Monde*, 24 mai 2020.

Mais cette volonté de reterritorialisation, qui s'est exprimée avec force lors de la pandémie, notamment à travers les mots d'ordre de « souveraineté économique » et de « relocalisation », traduit indéniablement une nécessité et un besoin.

La nécessité : rompre la spirale d'une mondialisation sans règle ni boussole qui nous pousse vers le précipice. Si les bénéfices de la mondialisation, notamment en Europe occidentale, étaient tangibles jusque dans les années 1970, où chacun pouvait avoir l'impression de prendre sa part de prospérité collective, il semble que le bilan soit, quelques années plus tard, nettement plus mitigé. La financiarisation de l'économie, le déploiement d'une vision essentiellement actionnariale de l'entreprise que tous les spécialistes observent depuis les années 1980[1], l'emballement d'un capitalisme court-termiste ne visant plus à produire des biens mais à limiter les coûts et à multiplier les profits en s'affranchissant des règles de l'économie sociale de marché qui faisaient pourtant consensus depuis les années 1950, à coups d'externalisations, de délocalisations, de management par le stress, ont fait de la précarité une constante de la vie économique, créé des inégalités jamais vues auparavant et déconnecté une bonne partie de la production des richesses de la vie réelle. Cette économie hors sol, qui s'est certainement

1. Voir par exemple Daniel Cohen, *Homo economicus, prophète (égaré) des temps nouveaux*, Paris, Albin Michel, 2012.

nourrie d'un sentiment de complète impunité après l'effondrement du monde communiste en 1989, a été quelque peu rattrapée par la réalité au moment de la crise financière de 2008.

Parallèlement, l'accroissement exponentiel des échanges et des communications, le productivisme sans frein, la surconsommation, la surpêche, l'élevage intensif, le tourisme de masse ont dangereusement gaspillé des ressources que l'on croyait inépuisables et sont en train d'asphyxier fatalement la planète et le monde vivant. En une ou deux générations, le consumérisme est devenu, dans de très nombreux pays, un style de vie et une habitude culturelle. En France, qui n'est pourtant pas le plus mauvais élève en matière de lutte pour l'environnement, l'empreinte carbone des habitants a ainsi augmenté de +20 % entre 1995 et 2018[1], alors même que la communauté internationale, dès 1992 lors du Sommet de la Terre à Rio, avait appelé à un sursaut des consciences et à un changement des modes de vie.

Prendre la voie d'un développement durable passe certainement par des circuits de production plus courts, par la généralisation d'une économie verte et circulaire qui préfère l'usage partagé à la propriété unique, incite à limiter la consommation et la production de déchets, et mise sur des énergies renouvelables. Espérons que la crise que nous traversons contribuera à asseoir encore davantage ce consensus.

---

1. Source : www.statistiques.developpement-durable.gouv.fr

Cette demande de reterritorialisation n'est pas seulement une nécessité économique et écologique : c'est aussi un besoin psychologique, existentiel, motivationnel. Un besoin de proximité, un besoin de solidarité. Beaucoup d'entre nous éprouvent le sentiment que le monde tel qu'il est allé ces dernières décennies nous a déconnectés des cadres de vie les plus structurants, a défait les liens qui comptent le plus. Beaucoup d'entre nous estiment qu'il existe des biens communs qui ne peuvent être bradés, cotés en bourse, soumis aux égoïsmes particuliers, aux caprices des marchés et que nous devons garder le contrôle sur des aspects essentiels de notre vie collective : la santé, l'éducation, l'habitat, l'énergie, les transports... Garder le contrôle pour mieux organiser, au quotidien, la solidarité.

Cette solidarité, la pandémie a mis en évidence ses multiples facettes, ses nombreux champs d'intervention :

– solidarité vis-à-vis des plus vulnérables et notamment les personnes âgées, dépendantes, en fin de vie. C'est ici que la solidarité intergénérationnelle doit jouer à plein ;

– solidarité vis-à-vis des personnes malades, à la santé fragile, impossible à assurer sans un hôpital public de qualité ;

– solidarité vis-à-vis de celles et ceux qui sont touchés de plein fouet par l'arrêt de la production, par la fermeture provisoire ou définitive de leur usine, de leur entreprise, et qui basculent subitement dans la précarité ;

– solidarité vis-à-vis des familles les plus modestes, souvent monoparentales, qui sont les premières à souffrir d'une insuffisance de services publics, de loyers trop élevés, de la fracture numérique quand l'école doit se faire à distance ;

– solidarité vis-à-vis des femmes et des enfants victimes des violences domestiques, dont on a dû constater, impuissants, la triste augmentation pendant le confinement.

La pandémie a ainsi jeté une lumière vive sur les grands défis collectifs de notre époque : environnementaux, économiques, sociaux et sociétaux. Elle a également mis à nu l'arbitraire de nombreuses inégalités : dans notre société du risque, personne ne peut se prévaloir de son mérite ou de la supériorité de son jugement pour échapper aux coups du sort. Chacun doit pouvoir compter sur la solidarité de tous et sur des mécanismes de prévoyance adéquats pour recréer les filets de protection que les logiques systémiques ont déchirés.

Une démocratie en quête d'elle-même

Pouvoir décider en commun de la manière dont nous voulons organiser notre existence sociale et politique est au cœur de l'idéal démocratique. À l'inverse, se sentir dépossédé des moyens d'organiser la solidarité collective donne l'impression d'un abandon ou d'une trahison de cet idéal. Le sentiment d'impuissance qui en résulte est alors un bon terreau pour le ressentiment et la colère.

À partir de l'automne 2018, ces questions ont reçu un écho de grande ampleur à travers le mouvement des Gilets jaunes. Un mouvement très hétérogène, qui a décontenancé plus d'un analyste ou responsable politique. Un mouvement dont les motivations et les orientations politiques ne sont pas faciles à cerner, mais dont le centre de gravité se situe sans aucun doute du côté de la « France périurbaine », de la « France des ronds-points ». Les centaines de milliers de Français qui se sont rassemblés, ont manifesté, ont revendiqué, ont débattu, tous les samedis, pendant un an et demi, sans discontinuer, jusqu'à ce que le coronavirus interrompe provisoirement leur mobilisation, ont sans doute en commun d'appartenir aux classes moyennes et populaires, de craindre le déclassement ou de le vivre déjà, d'avoir du mal à boucler les fins de mois et de ne plus compter sur les représentants politiques pour les y aider.

Dans une uchronie burlesque, *État de nature*[1], écrite de façon visionnaire les mois précédant l'éclosion du mouvement des Gilets jaunes, Jean-Baptiste de Froment imaginait la révolte d'une province

1. Jean-Baptiste de Froment, *État de nature*, Bussy-Saint-Martin, Aux forges de vulcain, 2019.

française oubliée de tous, et notamment du pouvoir parisien, depuis le Moyen Âge : la « Douvre intérieure ». La fable disait le sentiment de coupure, d'ignorance et d'incompréhension réciproque, décrivait l'existence parallèle de mondes qui ne se connaissent plus. En partie réelle, en partie fantasmée, à tous les coups instrumentalisée par les discours opportunistes, l'opposition entre Paris et la province, entre les métropoles et les zones périphériques, entre les « élites » et le « peuple » nourrit depuis longtemps les discours et les combats sociaux et politiques. Elle a peut-être atteint un niveau de cristallisation inédit ces toutes dernières années et trouve des résonances dans de nombreux pays démocratiques, où une partie des classes moyennes et populaires rejette la classe politique installée et les institutions traditionnelles : vote en faveur du Brexit au Royaume-Uni, élection de Donald Trump aux États-Unis, succès de l'extrême droite de Matteo Salvini en Italie, inscription durable dans le paysage politique allemand de l'AfD xénophobe, accession au pouvoir de Jair Bolsonaro au Brésil… Les tensions qui travaillent en profondeur les sociétés démocratiques prennent des formes à chaque fois différentes, mais expriment la même difficulté, pour les pouvoirs en place, à satisfaire les aspirations matérielles d'une partie des citoyens et à apaiser leurs craintes existentielles devant la complexité du monde.

Un gilet de sécurité pour toute bannière : cela dit peut-être en creux l'abandon des grands idéaux, des espérances émancipatrices, des causes communes exaltantes. Cela dit surtout que les questions de politique et de justice sociale ont quelque chose à voir avec la chair du quotidien : faire le plein pour aller au travail, trouver un système de garde pour les enfants, disposer d'un bureau de poste ou d'une maternité à proximité, pouvoir compter sur des transports collectifs de qualité, être raccordé au réseau haut débit… Ce sont ainsi des témoignages très concrets qui ont émergé des quelque 10 000 réunions locales organisées partout en France, de janvier à mars 2019, dans le cadre du « grand débat national », et auxquels le président de la République était sommé d'apporter des réponses précises.

Les Gilets jaunes ont revendiqué pour leur mouvement une absence de hiérarchie, une organisation horizontale. Cela exprime une indéniable méfiance vis-à-vis des institutions et des corps intermédiaires. Cela traduit une crise profonde de la représentation, puisque aucun syndicat, aucun parti politique n'a pu récupérer ou encadrer le mouvement. En même temps, c'est bien d'un président thaumaturge et d'un État protecteur que l'on attend la plupart du temps les solutions. Et les déceptions sont d'autant plus amères que les attentes étaient grandes.

Il y a là une forme de paradoxe que les études d'opinion ont mis en évidence depuis déjà plusieurs années. La population semble en fait portée par deux aspirations parallèles : d'un côté, une envie forte d'autonomie, la volonté de décider pour soi-même la manière de vivre sa vie ; d'un autre côté, un besoin de protection et d'accompagnement[1]. Les Français adhèrent à la fois à des valeurs individualistes et à des valeurs de solidarité collective. Est-ce vouloir beaucoup ? Est-ce vouloir une chose et son contraire ? Peut-être pas, si l'on est capable de redéfinir les modalités de cette solidarité collective et de refonder un pacte social adapté à une société en profonde mutation.

C'est la thèse que soutient le sociologue Jean Viard, spécialiste des territoires et du monde rural, dans son dernier ouvrage, *L'Implosion démocratique*[2]. La société est sortie de ses cadres traditionnels, elle s'est défaite des structures conventionnelles et patriarcales. Un chiffre pour illustrer ce constat de manière saisissante : aujourd'hui, en France, 60 % des naissances ont lieu hors mariage – une proportion inimaginable il y a deux ou trois générations[3]. Les individus nourrissent des projets d'accomplissement individuel et attendent des pouvoirs publics des

1. Voir par exemple les études du Credoc (Centre de recherche pour l'étude et l'observation des conditions de vie) présentées dans l'ouvrage *Entreprendre, le temps des métamorphoses*, Macif, « Carnets de l'économie sociale et solidaire 2 », 2018.
2. Jean Viard, *L'Implosion démocratique*, La Tour-d'Aigues, Éditions de l'Aube, 2019.
3. 59,5 % en 2017 d'après les statistiques établies par l'Insee. Le taux était de 5,9 % en 1965.

mesures concrètes qui leur permettent de les réaliser. Pour des millions de personnes aux revenus modestes, cette recherche d'accomplissement peut rapidement avoir le goût de l'échec. Parmi les Gilets jaunes que le sociologue a rencontrés sur les ronds-points du sud de la France se trouvaient beaucoup de parents divorcés, de femmes élevant seules leurs enfants, de retraités installés depuis peu dans la région et insuffisamment intégrés. Ces personnes ont en commun de ne pas maîtriser pleinement leur projet de vie et d'en souffrir au quotidien. L'autonomie, voulue, revendiquée, assumée par la grande majorité des gens, et qui correspond indiscutablement à une norme de notre société démocratique, risque à tout moment de dégénérer en désaffiliation. C'est ce risque qu'ont certainement aussi redouté les centaines de milliers de personnes qui ont manifesté durant des semaines contre le projet de réforme des retraites, entre décembre 2019 et février 2020. C'est ce risque qu'il faut anticiper et contenir, collectivement.

Pour Jean Viard, l'un des grands enjeux de notre époque consiste à fonder un « pacte territorial ». Il s'agit de repenser l'organisation spatiale, sociale, culturelle et économique de cette France périurbaine, de la doter d'une meilleure représentation politique, de concevoir autrement l'imbrication des zones cultivées et des zones résidentielles, de recréer des lieux de vie, de recréer du « commun ». Il est symptomatique que les Gilets jaunes se soient retrouvés sur des non-lieux, des lieux où l'on ne s'arrête jamais : des ronds-points. Ce « pacte territorial » pourrait être le moyen de faire converger préoccupations sociales et préoccupations écologiques, d'apaiser conjointement les angoisses de « fin de mois » et de « fin du monde ».

Notre société donne l'impression d'être en crise permanente. Cette crise est peut-être consubstantielle à la démocratie : elle exprimerait les impatiences et les tâtonnements d'une société civile contrainte de redéfinir à chaque génération son pacte social, ses règles communes, ses valeurs dominantes. Elle aurait à voir avec la difficulté à inventer les formes d'une démocratie radicale.

L'historien et philosophe Marcel Gauchet considère ainsi, en se plaçant dans le temps long de l'histoire, que les racines de la crise qui frappe la France, et une bonne partie de l'Europe depuis les années 1970, ne sont pas spécifiquement économiques, mais plutôt culturelles, civilisationnelles. Ce que nous vivons, depuis plusieurs décennies, c'est, affirme-t-il, la sortie définitive hors du religieux, l'abandon de la structure hétéronome qui avait ordonné la vie sociale, politique et morale pendant des millénaires. Il ne s'agit pas seulement de la désintrication du politique et du religieux, actée depuis un siècle : ce sont toutes les structures et les normes sociales, calquées sur le principe d'une autorité inquestionnable, qui se retrouvent privées de leur ossature : la famille, l'école, l'entreprise, le pouvoir politique… Pour Marcel Gauchet, il s'agit plutôt d'une bonne nouvelle, qui ouvre d'infinies possibilités. Et l'on peut considérer cette crise non pas comme le symptôme d'un déclin qui n'en finit pas, mais plutôt comme une crise de jeunesse : celle d'une société qui doit se saisir pleinement de son autonomie et inventer les nouvelles règles, horizontales, de son vivre-ensemble[1].

De fait, le nouvel idéal de coproduction démocratique essaime dans toute la société. Une société qui bouillonne d'idées, d'initiatives, se mobilise autour des grands enjeux, sociétaux et écologiques. Elle s'organise en réseaux, se mobilise en ligne, imagine de nouvelles communautés de savoir, de débrouille, de partage, d'opinions. Internet joue ici un rôle transformateur décisif. Il permet à chacun de développer son autonomie, d'aller chercher les informations, de se forger un avis en tant que citoyen et en tant que consommateur. Il permet aussi d'envisager de nouvelles utopies, comme l'espérait Tim Berners-Lee, l'un des créateurs du Web : les plateformes de partage de savoir favorisent en effet l'émergence d'une nouvelle économie, une économie de la contribution, une économie collaborative. Des projets de société qui paraissaient périmés, ringardisés par un capitalisme naguère triomphant retrouvent une vigueur inattendue et apparaissent désormais comme des alternatives crédibles au moment où l'on recherche

1. Marcel Gauchet, *L'Avènement de la démocratie IV : le nouveau monde*, Paris, Gallimard, 2017.

urgemment les voies d'un développement durable et solidaire : l'idéal des communs, théorisé notamment par la lauréate du prix Nobel d'économie, Elinor Ostrom[1], trouve ainsi de plus en plus d'adeptes, que ce soit à travers les différentes plateformes numériques de science ouverte, les encyclopédies en ligne, les logiciels libres, et même au sein des villes où, grâce à une redéfinition des rapports entre citoyens et municipalités, de nombreux espaces s'ouvrent à une gestion commune, pour le jardinage, l'artisanat, les activités éducatives.

La « crise de jeunesse » de notre démocratie impulse une énergie et une vitalité qui transforment progressivement en profondeur nos pratiques, nos usages, nos mentalités. C'est sur cette énergie que nous devons miser.

La transformation par les entreprises

Dans cette configuration, les entreprises jouent un rôle essentiel. On ne relèvera pas les défis du siècle sans des entreprises responsables, sans un capitalisme tenu en bride, sans une économie sociale et solidaire (ESS) plus étendue, mieux implantée, plus convaincante. Les entreprises subissent de plein

1. Elinor Ostrom, *La Gouvernance des biens communs : pour une nouvelle approche des ressources naturelles*, Paris, De Boeck Supérieur, 2010.

fouet les mutations de la société, et d'abord la révolution numérique qui réinvente les manières de produire, d'organiser le travail, de nouer des relations avec des clients et des consommateurs mieux informés et plus critiques, plus volatils peut-être aussi. Mais elles sont elles-mêmes, en retour, les agents de cette mutation. Elles possèdent une force de transformation prodigieuse et indispensable pour faire advenir le « monde d'après ». Et cette transformation commence par la redéfinition de ce qu'elles sont, de ce à quoi elles servent, du but social qui est le leur.

« *The business of business is... business* », disait Milton Friedman, le célèbre économiste libéral de l'école de Chicago, suggérant que faire des affaires ne relevait pas du registre de la morale[1]. C'est une vue partagée sans doute par une majorité d'acteurs économiques : il n'y aurait là ni cynisme ni regret à avoir, juste un constat objectif. L'activité des entreprises n'est ni morale ni immorale : elle doit être efficace, rentable, répondre aux objectifs fixés. Mais c'est aussi une vue partiale qui abstrait ledit « business » de l'environnement humain dans lequel il s'inscrit immanquablement.

Blanche Segrestin, spécialiste de gestion des entreprises, rappelle qu'une entreprise ne doit pas être réduite à une société anonyme à seul but lucratif.

1. Cité par Daniel Cohen dans *Homo economicus, op. cit.*, p. 46.

La doctrine actionnariale qui s'est développée dans les années 1980-1990 a favorisé des logiques de court terme et d'enrichissement des actionnaires. Ce faisant, elle a dévoyé le projet collectif que constitue en réalité une entreprise, un projet qui se nourrit non seulement de fonds et de capitaux, mais aussi de compétences, de savoir-faire, d'intelligence collective[1]. La souffrance au travail, les phénomènes de burn-out apparus ces dernières années témoignent, en négatif, que l'entreprise est bel et bien une réalité morale, qui engage des individualités avec un fort besoin de motivation et de reconnaissance, des individualités en quête de sens.

Les déraillements d'un capitalisme hyperconcurrentiel et dérégulé, qui ont mené entre autres à la crise mondiale de 2008, les urgences sociales et écologiques, la forte demande de démocratie issue de la société civile… tout concourt aujourd'hui à une nécessaire métamorphose des entreprises, à une redéfinition de leur rôle et à une extension de leur champ de responsabilités.

Cette métamorphose attendue, nécessaire, doit se faire à la fois dans les représentations et dans le droit. En France, la loi Pacte (loi relative à la croissance et à la transformation des entreprises), promulguée en 2019, veut justement contribuer à cette évolution en aidant à repenser la place des entreprises

---

1. Voir l'entretien avec Blanche Segrestin, « Le système managérial est en crise », Service-sens.com, 8 février 2018.

au sein de la société. Cette loi comble un vide juridique : le droit, jusqu'à présent, ne soutenait pas les entreprises créatrices d'intérêt collectif, laissant se généraliser un type de gouvernance enclin à satisfaire l'unique intérêt des actionnaires. Désormais, les entreprises peuvent se définir à travers une « raison d'être » et inscrire dans leur contrat de société une mission d'intérêt collectif, opposable aux pressions potentielles des actionnaires. Dans la mesure où une entreprise n'est pas un acteur isolé, mais est constituée le plus souvent d'un réseau de parties prenantes, incluant notamment différents acteurs du territoire où elle est implantée, il serait même pertinent de parler d'« écosystème à mission », plus que d'« entreprise à mission[1] ». Ce singulier collectif suggère des logiques d'ouverture et de collaboration au service d'un même projet, poursuivant des objectifs sociétaux et environnementaux qui font sens. Pour les employés, les collaborateurs, les dirigeants, c'est un surcroît de cohérence et de motivation. Le sens et l'efficacité se trouvent réconciliés.

Les défis historiques auxquels nous sommes confrontés nous obligent à modifier nos cadres conceptuels, à faire évoluer nos représentations, à repenser les catégories de risque et de responsabilité. Blanche

1. Voir l'entretien avec Blanche Segrestin en marge du colloque de Cerisy, « Entreprise, responsabilité et civilisation : un nouveau cycle est-il possible ? », Media-paris-saclay.fr, 27 mai-3 juin 2019.

Segrestin rappelle que la notion de risque a évolué au cours des deux derniers siècles. C'est d'abord la prise en compte des aléas naturels qui a poussé à la mise en place de systèmes de protection de type « secours mutuel » au cours du XIXe siècle. Puis la reconnaissance de risques du travail, inhérents à la vie en entreprise, a conduit à développer une législation relative aux accidents de travail, impliquant potentiellement la responsabilité de l'employeur. Aujourd'hui, la crise environnementale fait surgir de nouveaux types de risques et de nouvelles responsabilités pour les entreprises : celles, bien sûr, de respecter les normes environnementales en vigueur, mais aussi d'anticiper les risques à venir, en innovant au service d'un développement durable. Car ne rien faire, c'est laisser les effets du réchauffement s'amplifier[1].

En juin 2019, des universitaires et dirigeants d'entreprise réunis lors d'un colloque organisé par le Centre culturel international de Cerisy autour de ces questions cruciales ont ainsi forgé un nouveau concept, l'« entreprisocène », à partir du néologisme « anthropocène », inventé il y a quelques années pour désigner l'influence de l'homme sur l'évolution de la biosphère. L'entreprisocène, c'est cette nouvelle ère dans laquelle nous sommes entrés, où les entreprises portent, au moins autant que les États,

1. *Ibid.*

la responsabilité des dérèglements en cours et doivent trouver les solutions pour en contenir les effets.

Une opportunité historique pour le modèle mutualiste ?

2020 devait être, pour la Macif (Mutuelle d'assurance des commerçants et industriels de France), dont j'étais alors le directeur général, une année particulière puisque le groupe fêtait ses soixante ans d'existence. La pandémie de coronavirus a bousculé tous les agendas et imposé son propre calendrier. Dès le déclenchement de la crise, la Macif s'est mobilisée pour venir en aide aux personnes les plus fragilisées financièrement, notamment celles qui ont perdu leur emploi, en mettant en place une série de dispositifs de solidarité : à l'endroit des sociétaires et des adhérents, mais aussi, dans une démarche de solidarité citoyenne, à destination de diverses fondations d'utilité publique et d'associations caritatives engagées auprès des plus démunis. Nous avons également apporté un soutien aux personnels soignants et aux aides à domicile, en première ligne face à l'épidémie. Nous avons contribué à maintenir le lien si précieux entre les générations, à travers l'association Unis-Cité, en mobilisant de jeunes volontaires en service civique auprès de personnes âgées isolées. Nous avons répondu à l'appel des pouvoirs publics pour contribuer à un fonds de solidarité destiné aux petites entreprises et aux professionnels indépendants affectés par la crise. Bref, nous avons tenté de mettre en pratique notre éthique, l'éthique mutualiste, et de montrer, en intervenant de manière concrète, rapide et ciblée, que les valeurs d'humanisme, d'entraide et de responsabilité, qui sont au cœur de notre déontologie, ne sont pas de vains mots. Nous avons tenté de faire au mieux notre métier : apporter de la protection, aider à réparer des vies bouleversées, à retisser des liens, à restaurer la confiance.

Cette crise est l'occasion, pour nous comme pour de nombreuses entreprises, de réinterroger notre modèle, nos missions, de réfléchir aux manières les plus efficientes de construire le « monde d'après » : comment prévenir de nouveaux risques ? Quelles formes de solidarité imaginer ? Comment accélérer la transition écologique ? À vrai dire, ces questionnements, rendus plus pressants par la crise, ne sont pas nouveaux : ils nous accompagnent depuis de nombreuses années, et depuis de nombreuses années nous nous efforçons de leur apporter des réponses, que nous espérons adaptées, efficaces, originales, innovantes. À cet égard, la crise que nous traversons ne fait que renforcer une intuition qui nous habite depuis longtemps : le modèle d'entrepreneuriat valorisé par l'économie sociale et solidaire, et en particulier le modèle mutualiste, est certainement le plus à même de répondre aux défis écologiques, sociaux et sociétaux auxquels nous sommes confrontés. Il est urgent de l'étendre, de le renforcer, de le généraliser.

Le besoin permanent de protection dans une société du risque, les aspirations à l'autonomie d'une société civile émancipée des grands cadres conventionnels, les demandes réitérées de démocratie – une démocratie plus participative, plus inclusive, plus solidaire, plus ancrée dans les territoires –, le rejet d'une économie centrée uniquement sur le profit et produisant inégalités et exclusions, les préoccupations environnementales de plus en plus marquées... Toutes ces tendances qui travaillent en profondeur la société trouvent un écho et des formes concrètes de réalisation dans les programmes et les initiatives développés par notre groupe.

Parce qu'elle se situe, par vocation, au plus près du terrain, parce qu'elle accompagne les sociétaires dans les moments-clés de leur existence, parce que ses instances de gouvernance appartiennent aux sociétaires et s'efforcent de refléter la diversité sociale, l'entreprise mutualiste est en mesure de capter les pratiques émergentes, de percevoir les nouveaux besoins, de répercuter les attentes. Elle se met au diapason de la société. En répondant au double besoin d'autonomie et de protection, qui est au cœur des attentes sociales, elle procure à ses sociétaires du pouvoir d'agir, des « capabilités », pour citer l'économiste Amartya Sen : elle leur permet de s'accomplir, tout au long de parcours de vie qui désormais ne sont plus linéaires. En anticipant sur les grands enjeux sociétaux des décennies à venir (la jeunesse, le grand âge, la santé, l'habitat, la mobilité, le numérique...), elle sort du court-termisme et aide à construire un futur souhaitable. En menant une politique d'investissement responsable, elle contribue au développement des énergies renouvelables et à la préservation d'un monde qui soit encore vivable.

Il ne s'agit pas de mener ici un plaidoyer pro domo. Il s'agit plutôt de tester, de mettre à l'épreuve notre intuition : le mutualisme, né au XIXe siècle dans le sillage des sociétés de secours mutuel pour suppléer aux solidarités villageoises mises à mal par la révolution industrielle, possède, près de deux siècles plus tard, à l'heure d'Internet et des big data, une étonnante et indémodable actualité.

Si l'heure semble favorable aux modèles d'entreprises sociales et solidaires, beaucoup de questions restent bien sûr en suspens. En tant qu'entreprise, une mutuelle doit trouver un équilibre entre éthique et efficacité. Elle doit s'adapter à un environnement fluctuant, fidéliser une clientèle exigeante, repenser sans cesse son rôle de « tiers de confiance », proposer des services toujours plus larges et diversifiés. Par ailleurs, ce n'est pas la première fois, dans l'histoire récente, que le modèle mutualiste et les autres formes d'économie sociale et solidaire sont vus comme des promesses d'avenir : à la fin du XIXe siècle et dans les années 1970 notamment, ils ont pu apparaître comme des alternatives crédibles au capitalisme[1]. Ils sont pourtant restés largement minoritaires. Les entreprises assimilées à l'ESS représentent aujourd'hui environ 13 % de l'emploi des entreprises : sont-elles condamnées à seulement « réparer » la société ou ont-elles véritablement la capacité de la transformer, voire d'en inventer une nouvelle ? Peuvent-elles servir de modèle, de source d'inspiration pour les autres entreprises ? Et, dans ce cas, n'y perdraient-elles pas leur propre identité ? La loi Pacte, qui permet désormais à toutes les entreprises de se doter d'une raison d'être et de définir une mission d'intérêt collectif, ne risque-t-elle pas de brouiller les cartes ?

Ces questions demeurent pour le moment ouvertes. À nous, entreprises mutualistes, de saisir ce kairos, ce moment opportun, pour nous réapproprier notre héritage, pour réaffirmer notre identité, pour construire un nouveau récit. Michel Dreyfus, grand historien du mutualisme, fait remarquer que l'histoire de ce mouvement est peu connue et peu racontée. Sans doute, fait-il l'hypothèse, n'est-elle pas assez spectaculaire : on lui préfère la conflictualité, la mystique du combat, propre au mouvement syndicaliste. Notre crédibilité réside en partie dans notre histoire et dans la longue fidélité à nos valeurs fondatrices. Elle réside également bien sûr dans notre expertise technique et dans notre capacité à

1. Michel Dreyfus, *Histoire de l'économie sociale de la Grande Guerre à nos jours*, Rennes, PUR, 2017, chap. VIII.

répondre de façon efficace et pragmatique aux besoins de nos sociétaires à chaque moment important de leur vie. Elle tiendra aussi certainement, dans les années qui viennent, à notre capacité à porter un récit clair et pédagogique qui restitue l'identité et la pertinence du modèle mutualiste. C'est notamment à cette tâche que le présent ouvrage voudrait contribuer.

Un nouveau groupe porteur d'avenir

Un dernier mot, plus « institutionnel », pour clore cet avant-propos. Hasard des calendriers, collision de l'actualité mondiale et des temporalités propres à la vie des entreprises, cette année de pandémie a aussi été celle de la naissance d'un nouveau groupe. En janvier 2021, la Macif et Aésio, union mutuelle de groupe (UMG) spécialisée dans la protection des personnes, ont en effet fusionné en une nouvelle et même entité : Aéma Groupe. Cette fusion est l'aboutissement de plusieurs années d'échanges, de rapprochements et de coconstruction entre deux groupes qui partagent fondamentalement les mêmes valeurs et ont décidé de mettre en commun des savoir-faire complémentaires. Pourquoi cette alliance ? Pour faire face à une conjoncture indéniablement tendue et compliquée, pour affronter la concurrence de nouveaux acteurs de l'assurance (banques, Gafam…), pour s'adapter au mieux aux puissantes évolutions sectorielles, pour peser aussi d'un poids plus important dans le débat public, auprès des décideurs économiques et politiques, et défendre de manière encore plus efficace le modèle mutualiste et, avec lui, l'esprit des communs qui anime l'économie sociale et solidaire. En créant ce groupe, nous souhaitons, en fin de compte, être davantage en mesure de répondre aux attentes et aux défis que je viens d'esquisser dans ces pages introductives. L'acquisition réussie d'Aviva France par Aéma Groupe en septembre 2021, au travers d'un projet respectueux des parties prenantes internes et externes de cette société, a été le premier exemple visible de ce que cette union d'entreprises de l'économie sociale et solidaire peut produire.

Ainsi, alors que j'ai commencé à écrire ces pages en tant que directeur général de la Macif, c'est dans mes nouvelles fonctions de directeur général d'Aéma Groupe que j'ai mis la dernière main à l'ouvrage. Sur le fond, cela n'a aucune incidence : c'est bien du modèle mutualiste en général qu'il est question ici et, plus précisément, du type de mutualisme que pratiquaient la Macif et Aésio depuis de nombreuses années et qu'elles continueront de porter conjointement au sein de leur nouvel écosystème. Sur la forme, on remarquera, inévitablement, un certain nombre de références aux activités développées par la Macif et à la « culture Macif » dans laquelle j'ai baigné pendant près de douze ans et qui forme en quelque sorte une partie de mon habitus. Mais c'est bien la parole unitaire d'Aéma Groupe que je suis honoré de porter aujourd'hui et c'est une nouvelle page de l'histoire si riche de la Macif, d'Aésio, mais aussi d'Aviva France (devenue Abeille Assurances) que nous nous apprêtons à écrire dorénavant tous ensemble.

* * * * * *

Partie 1

Histoire, valeurs et identité du mutualisme

Chapitre 1

Un passé riche d'avenir

La force d'un héritage

Une entreprise mutualiste n'est pas une entreprise comme les autres. Elle porte une histoire, une identité, des valeurs spécifiques : en un mot, un héritage auquel elle est attachée et qu'elle vit comme singulier. Cet héritage incite à une certaine humilité et insuffle en même temps une indéniable force.

Humilité car l'histoire du mutualisme est tributaire de la grande histoire. Le mutualisme s'est construit dans le tumulte des deux derniers siècles, il a dû faire face à des mutations économiques majeures, des guerres dévastatrices, de nombreux changements de régime politique, des révolutions technologiques… autant de bouleversements qui ont transformé de fond en comble la société. Difficile dans ces conditions de prétendre tout contrôler et être seul maître à bord sur une mer dont on connaîtrait tous les remous et les ressacs.

Humilité encore, car l'histoire de l'économie sociale n'est pas exempte d'échecs et de désillusions.

De belles réussites ont perdu de leur lustre ou se sont parfois éteintes dans des destinées à chaque fois particulières : la coopérative de La Bellevilloise dans les années 1930, le Familistère de Guise dans les années 1960, plus près de nous la Coopérative d'achat de la mutuelle des instituteurs de France, la célèbre Camif (mise en liquidation judiciaire en 2008 avant d'être rachetée par un entrepreneur engagé)... autant d'exemples qui nous invitent à ne pas idéaliser notre histoire, aussi inspirante soit-elle[1].

Humilité enfin parce que la vie économique et sociale est faite de tâtonnements, d'expérimentations, d'adaptations à des événements imprévus. Une entreprise comme la nôtre, dédiée à la prévoyance et à la prévention des risques, ne sait que trop bien la part d'aléas dont sont faites nos existences et elle a elle-même dû faire face à de nombreuses vicissitudes depuis plus d'un demi-siècle, jusqu'à la création d'Aéma Groupe.

Mais cette histoire, foisonnante, imprévisible, communique également une grande confiance et nourrit la conviction que notre modèle a encore de beaux jours devant lui. Oui, le mutualisme a été chahuté par les vagues, mais contrairement à d'autres formes d'expérimentations économiques et sociales et à d'autres modèles de pensée, le modèle mutualiste est toujours à flot, agile, efficace, opérant, après deux

1. Michel Dreyfus, *Histoire de l'économie sociale : de la Grande Guerre à nos jours*, Rennes, PUR, 2017, p. 13.

cents ans d'existence ! Il ne s'est pas seulement adapté aux évolutions de la société, il a fait progresser l'idée de justice sociale et élargi le périmètre de la solidarité. D'abord destiné à assurer un soutien minimal en cas de maladie et pour l'organisation des obsèques, il a ensuite investi des domaines toujours plus variés et y a importé ses principes d'entraide et d'humanité : éducation, santé, habitat, mobilité, épargne, dépendance, inclusion, environnement... Il a également étendu le « temps » de la solidarité, non seulement en apportant son soutien au moment même où les personnes sont frappées par un coup du sort, mais aussi en développant, en amont, des services de prévention et, en aval, des offres d'accompagnement. Bref, il a largement contribué à modeler notre conception de la solidarité.

Par ailleurs, au cours des deux derniers siècles, le mutualisme a appris à composer avec un État tantôt absent ou en retrait, tantôt volontariste et interventionniste. Et tandis qu'à plusieurs reprises il a pu craindre pour l'existence et l'avenir d'une partie de ses activités, comme en 1945 lorsque fut créée la Sécurité sociale, il a su à chaque fois se réinventer et développer de nouvelles formes de coopération avec les pouvoirs publics. Le succès jamais démenti des complémentaires de santé, alors mises en place, en est un exemple éclatant.

Un chiffre pour illustrer la remarquable résilience de notre modèle : alors qu'il comptait 3,5 millions de sociétaires et adhérents en 1914, le mouvement mutualiste en compte aujourd'hui près de 40 millions. Au fil du temps, le mutualisme s'est ainsi immiscé dans la vie des gens avec une tranquille évidence : il est devenu à la fois un auxiliaire du quotidien et une part du patrimoine culturel français, qu'il se décline sous la forme d'une mutuelle de santé ou d'une mutuelle d'assurance.

Échapper à l'écume des jours

Pourtant l'histoire du mutualisme est restée longtemps mal connue. Ce modèle a sans doute été victime de son succès discret : fondé sur la recherche de consensus, peu porté aux conflits de classe, il est longtemps demeuré dans l'ombre du mouvement syndical et ouvrier, plus spectaculaire et plus dramatique. Heureusement, la lacune a été progressivement comblée. À partir des années 1980-1990, les historiens ont investi le grand champ de l'économie sociale : Michel Dreyfus a été l'un des pionniers dans ce domaine, suivi notamment par Patricia Toucas-Truyen et, parmi la jeune génération, Thimothée Duverger. Parallèlement, dans le sillage de la Mutualité française, les mutuelles elles-mêmes ont commencé à explorer leurs archives et à valoriser leur patrimoine.

En redécouvrant cette histoire, on s'aperçoit d'ailleurs que la plupart des tendances et des innovations qui, depuis une trentaine d'années, tentent de faire bouger l'entreprise, de l'adapter à son environnement et de la « responsabiliser » étaient déjà anticipées dans le mutualisme. Je pense à l'attachement aux dimensions extra-économiques de la performance mobilisées par les normes de développement durable, puis par celles de la responsabilité sociale de l'entreprise (RSE), à l'extension du domaine de l'entreprise à ses parties prenantes (*stakeholder capitalism*), ou encore, très récemment, à la création du statut d'entreprise à mission et à la possibilité pour les entreprises de définir leur « raison d'être ». Finalement, l'histoire économique montre que, derrière les mouvements de balancier et les incessantes adaptations en fonction des contextes socio-politiques et des idéologies dominantes (valorisation de l'entreprise paternaliste, puis fordiste, puis libérée...), demeure une évidence, que l'on semble redécouvrir aujourd'hui sous la pression des grands défis de notre temps : l'entreprise est par définition un acteur social, elle n'a d'autre raison d'exister que pour répondre aux besoins de la société et des personnes qui y vivent. Cet ancrage au sein de la société, cette évidence que l'entreprise doit être le reflet de la diversité et des attentes sociales, est, depuis toujours, au cœur du modèle mutualiste.

Ainsi, notre histoire est une source d'inspiration, qui permet d'échapper à l'écume des jours, de retrouver, lorsque le besoin s'en fait sentir, l'esprit qui a habité les grands moments de la vie de notre entreprise et de renforcer notre culture de groupe.

L'un des présidents qui a marqué l'histoire de la Macif, Gérard Andreck, avait ainsi coutume de dire : « Quand nous avons des doutes, quand nous avons besoin de faire émerger du sens, convoquons le projet fondateur qui est le nôtre, convoquons notre projet mutualiste. » Revenir à ce projet fondateur, c'est notamment revenir à ce qui constitue le cœur battant du mutualisme : ses valeurs.

Le mutualisme par la preuve

Solidarité, humanité, responsabilité, éthique… Au milieu d'une histoire tumultueuse et chaotique, ces valeurs fondatrices ont joué un rôle de balises de reconnaissance. Aujourd'hui encore, elles nous guident et nous singularisent, et chaque chapitre de notre histoire s'écrit à leur lumière. Mais la fidélité à ces valeurs implique d'en actualiser sans cesse tout le potentiel et de ne pas éluder certaines questions. Par exemple : pouvons-nous, nous, entreprises mutualistes, revendiquer le monopole de ces valeurs ? Par définition universelles, n'ont-elles pas vocation à être adoptées par le plus grand nombre ? Très consensuelles, peut-être trop, ne risquent-elles pas de s'affadir – et notre identité de se diluer et de perdre de sa force d'appel ?

Par ailleurs, un petit détour par l'histoire nous rappelle que ces valeurs ne sont pas nées spontanément. Elles ont germé et mûri au sein de puissants courants de pensée qui ont irrigué la seconde moitié du XIXe siècle : le socialisme utopique, le solidarisme, le libéralisme, le catholicisme social... Ces courants font partie de notre héritage, mais ils relèvent désormais d'une époque indiscutablement révolue. Où en sommes-nous aujourd'hui ? Le mutualisme peut-il prospérer, peut-il conserver sa pleine vigueur, peut-il échapper aux risques de banalisation maintes fois redoutés, sans se nourrir d'un terreau philosophique et idéologique original et fécond, comme il l'a fait dans les temps forts de son histoire ?

Face à ces questions qui n'engagent rien moins que la survivance du modèle mutualiste, il me semble que deux types de réponse se dessinent. Une première réponse, peut-être plus immédiate, plus pragmatique, s'inscrivant dans une stratégie de communication incontournable de nos jours, consisterait à actualiser notre message, le rendre accessible à des publics souvent totalement déconnectés de la tradition mutualiste, habiller nos valeurs dans un langage d'aujourd'hui, qui puisse notamment parler aux nouvelles générations, entrer en résonance avec leurs modes de vie, leurs préoccupations.

Il nous faut alors décliner nos valeurs fondatrices en les ajustant aux attentes de l'époque, sans pour autant les y dissoudre : l'exercice est délicat. Ce que disent en tout cas toutes les études d'opinion, c'est que les valeurs du mutualisme sont toujours très attractives, et que, face à la dureté du monde, l'empathie, la bienveillance, l'écoute, la confiance, la relation d'égal à égal sont des qualités prisées par l'immense majorité des gens, non seulement dans leur vie privée mais aussi dans les sphères du travail et de la consommation[1].

Mais ce que disent aussi ces études, c'est que les individus sont rétifs à s'engager de manière contrainte dans un collectif. L'affiliation doit demeurer volontaire et susceptible d'être rompue à tout moment. Le sociologue Jacques Ion a ainsi pu parler, notamment à propos de la jeunesse, d'une forme d'« engagement Post-it », mobile, de courte durée, concentré sur des objectifs limités[2]. Il faut donc trouver la bonne articulation entre ces deux exigences : solidarité collective et autonomie individuelle.

Ce dont nous sommes en tout cas convaincus, c'est que les valeurs ont vocation à être incarnées, vécues, investies émotionnellement. Si l'on reste dans la posture rhétorique, dans l'incantation, ces valeurs se flétrissent, perdent tout lien avec la vie réellement vécue. C'est ici que l'entreprise mutualiste essaie de trouver sa place, à l'intersection de ses principes fondamentaux et des attentes des sociétaires. Car ce sont bien les sociétaires qui justifient notre existence et légitiment nos actions. Historiquement et ontologiquement, ils sont notre « raison d'être ». Et c'est cette place donnée

1. Voir par exemple l'étude réalisée par l'agence Season One, « Modernité du mutualisme : 2020-2030 ».
2. Julie Baillet, Lucie Brice Mansencal, Radmila Datsenko *et al.*, « Baromètre Djepva sur la jeunesse 2019 », rapport d'étude, Injep.fr, décembre 2019, p. 89.

aux personnes qui définit le modèle de solidarité mutualiste. Si nous partageons avec les entreprises purement capitalistes un certain nombre de réalités (bénéfices, salariat...), nous nous en distinguons probablement par cet attachement indéfectible aux personnes, qui est l'origine et la finalité même de notre activité. Et c'est ainsi qu'il faut comprendre la place primordiale que nous accordons à nos « valeurs » : comme l'expression du lien substantiel qui nous lie à nos sociétaires ainsi qu'à nos collaborateurs et à nos élus qui nourrissent cette relation.

Pour tenir notre « promesse sociétaire », nous considérons qu'il faut articuler trois principes : le « principe d'humanité », qui est au cœur de notre éthique ; le « principe de performance », qui nous oblige à une excellence servicielle et opérationnelle, couplée à une viabilité économique ; et le « principe de relation », qui renvoie à la relation de confiance unique que nous instaurons avec nos sociétaires, fondée justement sur l'éthique et la performance dont nous sommes capables de faire preuve. Je veux préciser ici que cette promesse ne pourrait être tenue sans l'implication de toutes les personnes qui font vivre l'écosystème mutualiste : des délégués, des élus, des militants, des bénévoles qui tous donnent de leur temps, des salariés investis et attachés à leur entreprise, des dirigeants engagés, des sociétaires satisfaits des offres de service et qui témoignent leur fidélité, des acteurs de la société civile avec lesquels nous nouons des partenariats durables... Je ne brosse pas ici de tableau idyllique : je veux juste suggérer que la « preuve » de la pertinence du modèle mutualiste s'incarne fondamentalement dans l'adhésion de toutes les personnes qui gravitent autour de notre entreprise. Ou pour le dire autrement, nous devons faire la preuve que ces personnes (sociétaires, clients, collaborateurs, partenaires...) sont en permanence au cœur de nos préoccupations.

Les communs, nouvel élixir de jouvence ?

Nous nous demandions plus haut : le mutualisme peut-il vivre éternellement de son héritage solidariste, peut-il s'adapter aux défis du siècle sans renouveler sa réflexion sur les valeurs qui le fondent ? Face à ces questions, une seconde piste se dessine. On sait l'intérêt que, depuis plusieurs années, l'idéal des « communs » suscite : la recherche juridique, économique et philosophique s'en est emparée[1] ; de nombreux acteurs de l'ESS s'en réclament désormais ouvertement. Les mutualistes ne peuvent rester indifférents devant la richesse des réflexions et des expérimentations menées, en France et ailleurs dans le monde, au nom des « communs ». Cet idéal peut-

1. Voir par exemple Pierre Dardot et Christian Laval, *Commun : essai sur la révolution au XIXe siècle*, Paris, La Découverte, 2014 ; également Nicole Alix, Jean-Louis Bancel, Benjamin Coriat et Frédéric Sultan (éd.), *Vers une république des biens communs ?*, Paris, Les Liens qui libèrent, 2018.

il constituer, pour le mutualisme, une sorte d'élixir de jouvence ? Une opportunité pour réaffirmer son identité et sa différence ?

Mais d'abord, que sont les « communs » ? Dans la lignée de l'économiste Elinor Ostrom[1], on s'accorde généralement sur la définition suivante : les communs sont des ressources partagées et gouvernées par des communautés qui possèdent vis-à-vis de ces ressources des droits et des obligations. Sous cette définition générale entrent des biens de nature très différente : des biens physiques, comme des forêts, des lacs, des routes, etc. ; des espaces urbains partagés dédiés à des activités éducatives ou récréatives ; ou encore des biens immatériels reposant sur la technologie numérique : logiciels libres, encyclopédies en ligne, publications scientifiques en accès ouvert, etc.

Ce que suggère la définition, c'est que les « communs » ne renvoient pas seulement à des biens, mais aussi à une *manière de les gérer collectivement*, afin d'en garantir la conservation, l'intégrité et l'utilisation[2]. Cette gestion est fondée sur des relations d'égalité,

---

1. Elinor Ostrom, *La Gouvernance des biens communs : pour une nouvelle approche des ressources naturelles*, Paris, De Boeck Supérieur, 2010.
2. Nicole Alix et Geneviève Fontaine, « Mobiliser les ressources bancaires et financières comme des communs : le rôle des acteurs bancaires et financiers de l'économie sociale et solidaire. Un point d'étape sur une recherche-action en cours », recherche présentée par le groupe La Banque en communs ?, 2019.

de pair à pair, et repose sur des valeurs d'entraide et de solidarité. La propriété n'est pas abrogée, elle est partagée, distribuée. Il s'agit de jouir d'une chose sans la posséder. Il y a dans cet idéal, indéniablement, une forte empreinte morale et politique : les communs sont pensés en partie pour permettre aux personnes défavorisées d'accéder à certaines ressources utiles à la vie[1].

Pour les mutualistes, les communs constituent un sujet important, mais aussi un aiguillon. Certes, il n'est pas interdit de relativiser leur force novatrice et de considérer qu'il s'agit là de formulations nouvelles pour de vieux idéaux solidaristes ou associationnistes. Mais le renouveau de cet idéal semble être plus qu'un effet de mode. Car il est lié à deux faits majeurs de portée historique, voire civilisationnelle : d'une part, la révolution numérique, qui rend possibles des expériences de gestion commune de biens qui n'auraient pas été envisageables sans le secours de la technologie ; d'autre part, le défi climatique, qui place au cœur des débats la préservation de ressources communes et incite à rétablir des circuits courts de production et de consommation. Le retour des communs, ancré dans une sorte de nécessité technologique et environnementale, est ainsi probablement plus qu'un phénomène éphémère.

1. Cf. Benjamin Coriat, « Prendre les communs au sérieux », France Culture, émission du 27 juillet 2019.

Ce qui est certain, en tout cas, c'est que les communs interrogent opportunément nos cadres conceptuels et invitent à repenser l'organisation du travail, l'aménagement des territoires et l'action publique[1]. Ils occupent une zone intermédiaire entre État et marché, où se situent également l'économie sociale et le mutualisme, qualifiés parfois de « tiers secteur ». À bien des égards, une entreprise mutualiste relève de l'idéal des communs, en est l'une des émanations possibles. Mais les communs nous interpellent et nous bousculent car ils nous obligent à sortir du secteur plutôt balisé de l'assurance et de la protection sociale et ils nous rappellent que les mutuelles se sont institutionnalisées, en s'éloignant peut-être de leur inspiration originelle. Cette remise en cause est en tout cas stimulante et ouvre de nouveaux horizons. Alors, vivons-nous les prémices d'une « république des communs », comme l'espèrent de nombreux acteurs de l'ESS[2] ? Les communs constituent-ils, comme le pense l'historien Thimothée Duverger, un modèle alternatif crédible au modèle libéral de concurrence généralisée, un modèle qu'il faut promouvoir et sur lequel l'ESS peut et doit s'appuyer[3] ? Entrons-nous progressivement dans un « nouvel âge des communs » ?

1. Nicole Alix, Jean-Louis Bancel, Benjamin Coriat et Frédéric Sultan (éd.), *Vers une république des biens communs ?*, *op. cit.*, p. 6.
2. *Ibid.*
3. Table ronde avec Timothée Duverger, Jérôme Saddier et Pascal Duforestel, « Économie sociale et solidaire », 14 mai 2020, accessible en ligne.

Au-delà de ces questions, qui relèvent de la prospective et peut-être aussi d'une forme de *wishful thinking*, les discussions actuelles autour des communs me paraissent mettre en relief trois grandes problématiques, qui traversent toute l'histoire du mutualisme et conditionnent son avenir.

Réparer la société ou la transformer ?

La première problématique concerne la vocation même de l'économie sociale et solidaire, et du mutualisme en particulier. Cette vocation est-elle simplement de réparer la société, de colmater la coque d'un navire battu en permanence par les flots – ce qui, après tout, est une tâche aussi louable que nécessaire ? Ou bien l'ambition est-elle plus grande : aider à transformer notre société, investir de nouveaux domaines, contribuer à changer les pratiques et les mentalités ? Se dessinent ici deux traditions, qui n'ont jamais cessé d'alimenter le champ politique et social, et qui sont aujourd'hui toujours vivaces et continuent à s'entrecroiser[1].

La première tradition considère que l'économie sociale a, par définition, un périmètre réduit : celui, justement, de la « réparation sociale », où il s'agit essentiellement de remédier aux maux de la précarité, de la

1. Michel Dreyfus, *Histoire de l'économie sociale, op. cit.*, p. 229 *sq.*

pauvreté et du chômage – un rôle souvent dévolu aux associations dont le nombre a beaucoup augmenté ces dernières décennies. Cette lecture concède, sur un ton résigné, que l'économie sociale a des moyens limités, souffre d'un manque chronique de fonds propres et reste globalement absente des grands secteurs de production. C'est avant tout une « roue de secours », nécessaire, appréciée, mais qui ne possède pas la force de traction de l'économie capitaliste classique.

La seconde tradition qui, historiquement, se fraie un chemin depuis la conception proudhonienne d'une société s'organisant de manière indépendante de l'État jusqu'au modèle des communs, en passant par l'utopie autogestionnaire de la deuxième gauche qui s'est affirmée dans les années 1970, soutient de manière volontariste un véritable projet de société alternatif et fait de l'économie sociale un moteur essentiel de cette transformation. C'est d'ailleurs sous les auspices de la deuxième gauche, notamment à l'instigation de Michel Rocard, que l'économie sociale a obtenu une plus grande reconnaissance politique et institutionnelle à partir des années 1980.

Faut-il opposer ces deux traditions, les faire jouer l'une contre l'autre ? Je ne le crois pas. La « réparation » est de toute façon dans notre ADN solidariste ; la « transformation » est l'horizon naturel de toute entreprise qui cherche à améliorer l'existence. Au service de cette transformation, il y a l'innovation. Transformer en innovant, avec une dose d'audace et d'anticonformisme, trouver de nouvelles formes d'organisation, de nouveaux dispositifs, de nouvelles pratiques qui permettent de vivre mieux, c'est la dynamique qui nous porte en permanence et que nous partageons avec la grande famille des communs.

De fait, les innovations ont jalonné l'histoire du mutualisme. Innovations sociales d'abord, qui sont sa marque de fabrique. Parmi cent exemples empruntés à notre longue histoire, citons la création des mutualités maternelles, vers 1900, qui ont fait reculer la mortalité infantile en généralisant les consultations pré- et postnatales. Plus près de nous, dans les années 1970, c'est à travers la prise en charge de la contraception que les mutuelles ont contribué à l'émancipation des femmes. Aujourd'hui, les entreprises mutualistes multiplient les projets pour poursuivre cette œuvre d'égalité et de justice et resserrer, partout sur notre territoire, le maillage de la solidarité collective, qu'il s'agisse de remédier à la précarité énergétique, de cultiver des jardins bio ou de mettre en place des transports solidaires.

Innovations conceptuelles, également : sait-on par exemple que la notion de « prévention » ne s'est imposée et généralisée qu'après la Seconde Guerre mondiale, sous l'impulsion de la mutualité ? Aujourd'hui, la « prévention » est l'une des prérogatives des mutuelles et un attendu de l'État social. Elle contribue à sécuriser d'innombrables domaines de notre vie quotidienne. Anticiper les dangers de la route, prévenir les accidents domestiques, se protéger contre les risques naturels, se préserver de la malbouffe et des addictions…

Innovations techniques, encore : dès ses premières années d'existence, la Macif a marqué sa différence en lançant, sur une idée visionnaire de Jacques Vandier, l'un des fondateurs du groupe, le premier contrat d'assurance automobile dont le tarif dépendait du profil de l'assuré, du type de véhicule et de sa zone de circulation. C'était une rupture avec les pratiques en cours, une manière de faire de l'assurance autrement, une manière plus juste. Ont suivi bien d'autres innovations qui ont transformé le paysage de l'assurance, dont la plus célèbre est certainement la création du constat amiable.

Innovations technologiques, enfin : des débuts de l'informatique et des premiers ordinateurs IBM utilisés par nos prédécesseurs aux applications développées par des start-up partenaires afin de proposer à nos sociétaires des conseils performants et individualisés (par exemple en matière d'épargne ou de mobilité connectée), une certaine mentalité de pionnier nous a toujours habités.

Le champ social est en permanente évolution. Ces quelques exemples suggèrent le type de réponse qu'une entreprise mutualiste est susceptible d'apporter. Ces innovations ne signifient pas toutes nécessairement des ruptures spectaculaires, elles servent plutôt à fluidifier l'existence, à lever des obstacles, à offrir aux personnes une plus grande autonomie, une plus grande maîtrise des moments importants de leur vie. L'entreprise mutualiste démontre à cet égard que les innovations n'ont pas vocation à être réservées à quelques initiés, mais qu'elles sont plus fécondes lorsqu'elles font progresser collectivement l'ensemble de la société.

Travailler en écosystèmes

La capacité à innover exige par définition de sortir de sa zone de confort, de s'ouvrir à de nouveaux partenariats, de coopérer avec différents acteurs, de partager avec eux expertises et savoir-faire – en un mot, de créer des synergies. C'est là un deuxième enjeu crucial, qui transparaît à la fois dans les discussions actuelles sur les perspectives d'évolution de l'ESS et lorsque l'on jette un regard rétrospectif sur sa longue histoire. Le champ de l'ESS est foisonnant, complexe, protéiforme, mais aussi fragmenté, cloisonné, occupé par de nombreux intervenants de taille et de poids très différents (mutuelles, coopératives, associations, fondations, entrepreneurs sociaux…), qui tous ont contribué à leur manière au développement de l'ESS tout en coexistant souvent dans une relative indifférence réciproque. La création d'un ministère délégué à l'Économie sociale et solidaire, en 2012, et l'adoption de la loi Hamon en 2014 ont certainement contribué à rapprocher ces acteurs et à clarifier les buts et les domaines d'action de l'ESS. Mais, dans la pratique, subsiste ce que beaucoup reconnaissent comme un point névralgique de l'économie sociale : une forme d'archipélisation.

Pour unifier ces archipels, il faut construire des écosystèmes, des communautés d'intérêts et de métiers autour de projets qui rassemblent différentes parties prenantes. Dans l'esprit mutualiste, « écosystème » possède un sens spécifique. Diversifier ses activités, s'agrandir pour être plus fort, consolider sa position et s'assurer de nouvelles parts de marché, être porté par un esprit de conquête : c'est la dynamique qui anime la plupart des entreprises. Mais pour les mutualistes, constituer un écosystème, c'est en quelque sorte revenir au sens premier du terme, celui de la biodiversité, de la coexistence des différentes formes de vie et d'activité, celui de la protection mutuelle des espèces et des êtres vivants – autrement dit, permettre à la société de vivre en son sein, de manière symbiotique. Travailler en écosystèmes doit en outre aider à répondre au problème essentiel que rencontrent beaucoup de ces acteurs : pérenniser leurs activités, consolider un modèle économique qui ne soit pas trop tributaire du bénévolat et des subventions publiques. Et le renouveau des communs vient à un moment opportun pour imaginer et mettre en place de nouvelles formes de coopération.

Une citoyenneté refondée par l'entreprise ?

Est-ce cela, la « république des communs » ? Bien sûr, nous ne devons pas surestimer l'impact global de l'économie sociale et solidaire, et les chiffres nous rappellent de toute façon à la réalité : on estime par exemple que les entreprises de l'ESS représentent environ 14 % des emplois privés et 10 % du PIB. Mais relativiser la part de l'ESS ne signifie pas la marginaliser. Je ne crois pas, comme on le dit parfois, que l'ESS soit une « autre économie » : cette appellation véhicule l'image d'un secteur à part, avec ses propres règles, en marge de la société, et a fortiori de l'« économie normale », la seule véritable économie – l'économie marchande capitaliste. À cette image s'en ajoute une seconde, celle d'une ESS sympathique et méritante, mais qui n'est pas exempte d'un certain amateurisme.

Contre ces représentations qui tiennent beaucoup du cliché, je soutiens que l'ESS, et en particulier le mutualisme, représentent une *autre façon de concevoir et de faire de l'économie* – et la nuance est de taille. En l'occurrence, c'est une économie qui n'a d'autre finalité que de répondre aux besoins essentiels des personnes, en leur donnant des capacités d'agir, en leur assurant une pleine autonomie, en améliorant leurs conditions de vie, en accroissant leur bien-être. Une économie faite par les gens et pour les gens. Une économie qui est au service des personnes, non pas une économie qui les asservit. C'est dire si l'entreprise est un objet éminemment social et politique : politique au sens large, politique au sens de vie de la cité. À travers l'économie sociale et solidaire, à travers l'expérience mutualiste, les clients-consommateurs se font citoyens, ils reprennent le contrôle de leur existence, ils réconcilient économie et démocratie. C'est là le troisième enjeu majeur qui me semble émerger de cette poussée de l'économie collaborative, de ce moment « communs » que nous sommes en train de vivre, un enjeu qui, à vrai dire, a travaillé en profondeur toute l'histoire du mouvement mutualiste.

Comprendre l'entreprise comme un objet politique, comme une entité indissociable de la vie d'un territoire, c'est réfléchir aux types de coopération possibles avec les pouvoirs publics et les collectivités locales. Il existe déjà de nombreuses formes de partenariats à l'efficacité éprouvée, par exemple les pôles territoriaux de coopération économique (PTCE) ou les sociétés coopératives d'intérêt collectif (SCIC), actives dans des domaines variés comme l'habitat ou la vie culturelle. Des expériences inédites sont en cours dans d'autres pays européens, comme l'Espagne et l'Italie, dont nous pouvons certainement apprendre. À Barcelone, la municipalité, dirigée par la plateforme citoyenne Barcelona en Comú (« Barcelone en commun »), a fait de l'idéal des communs un principe de gestion publique : au niveau politique, en encourageant une participation active des citoyens aux processus de délibération et de décision, en complément de la représentation politique classique ; et au niveau économique, en engageant une municipalisation des services de première nécessité et en associant les associations de citoyens à la gestion des ressources en eau et en énergie[1].

Ces initiatives font bouger les lignes et gomment la démarcation trop binaire entre public et privé, État et marché. Elles dessinent un espace intermédiaire où les citoyens prennent leurs responsabilités et s'occupent d'économie, un espace où les *biens communs* sont investis et pris en charge par les citoyens, et sont animés d'une vitalité démocratique qui les distingue des simples *biens publics*, propriété de l'État. Bref, autant d'innovations conceptuelles et organisationnelles qui témoignent que la vie d'une démocratie est une expérience en cours.

* * *

Le mutualisme, un passé riche d'avenir ? Cette question était le titre d'un colloque, rassemblant en 1992, à Paris, des historiens de nombreux pays, spécialistes du mouvement mutualiste[2]. Ils s'interrogeaient sur l'avenir de notre modèle dans un double contexte : celui de l'intégration européenne

1. Pierre Sauvêtre, « Le nouveau paradigme politique du commun à Barcelone et en Catalogne : un municipalisme des communs », dans Nicole Alix, Jean-Louis Bancel, Benjamin Coriat et Frédéric Sultan (éd.), *Vers une république des biens communs ?*, *op. cit.*, p. 185-194.
2. Michel Dreyfus et Bernard Gibaud (dir.), *Mutualités de tous les pays : « Un passé riche d'avenir »*, Paris, Mutualité française, 1995.

et celui de l'effondrement du bloc soviétique. La même année, le traité de Maastricht était ratifié et le politologue américain Francis Fukuyama publiait un essai qui allait devenir un best-seller[1] : avec la chute du communisme, l'humanité avait épuisé son imagination politique et fait le tour des grandes idéologies. Malgré d'inévitables résistances, la démocratie libérale avait de beaux jours devant elle.

Trente plus tard, où en sommes-nous ? Sommes-nous parvenus à la « fin de l'histoire » ? Il semble que non, l'histoire est toujours en marche, imprévisible et déroutante. Partout dans le monde, des régimes autoritaires battent en brèche les prétentions de la démocratie à s'imposer comme l'unique norme sociale et politique. Des hybridations inquiétantes fleurissent ici et là sous le vocable paradoxal de « démocraties illibérales ». Les démocraties elles-mêmes sont contestées de l'intérieur, accusées de ne pas suffisamment tenir les promesses d'égalité et de liberté qui les fondent.

L'Europe ? L'Europe politique est sévèrement secouée par le Brexit. L'Europe sociale tarde à se faire, même si le plan de relance adopté par les Vingt-Sept pour faire face aux conséquences de la pandémie envoie le signal d'une solidarité collective inédite.

Et le mutualisme ? Le recul de ces trente dernières années permet désormais de répondre à la question

1. Francis Fukuyama, *La Fin de l'histoire et le dernier homme*, Paris, Flammarion, « Champs Essais », 2018.

posée lors de ce colloque d'historiens et d'y répondre par l'affirmative : oui, le modèle mutualiste possède un passé riche d'avenir. Pour réagir à l'urgence sociale et environnementale, pour faire vivre une démocratie plus inclusive et plus participative, pour revivifier les territoires, pour concilier justice sociale et innovation, le modèle mutualiste est plus pertinent que jamais. À nous, mutualistes, de continuer à cultiver l'originalité de notre modèle, en puisant dans notre histoire et nos valeurs fondatrices la force tranquille nécessaire pour faire face aux défis du monde.

* * * * * *

Partie 2

L'entreprise ouverte sur la société

Chapitre 2

Vers un nouvel âge des entreprises ?

Plus qu'un frémissement

Julie Battilana, professeure de management et d'innovation sociale, expliquait récemment dans un entretien que son cours « Réimaginer le capitalisme », conçu d'abord comme une simple option au sein du MBA de la Harvard Business School, était devenu si populaire parmi les étudiants qu'il faisait désormais partie des enseignements obligatoires – chose, selon elle, impensable il y a seulement dix ans[1]. Ce qui est vrai pour Harvard l'est tout autant pour les universités et les grandes écoles de commerce françaises, HEC, Essec et ESCP en tête, qui ont elles aussi intégré ces dernières années à leur formation des modules dédiés à la responsabilité sociétale des entreprises ou au développement

1. Voir l'entretien avec Julie Battilana, « Loi Pacte : aux États-Unis, le mouvement pour réformer le capitalisme est plus actif que jamais », *Le Monde,* 15 mars 2019.

durable des territoires. Car les jeunes exigent du sens : ils sont prêts à renoncer à des carrières lucratives pour se tourner vers des métiers en phase avec leurs préoccupations de justice sociale et environnementale.

Idéalisme de la jeunesse ? Peut-être en partie, mais pas seulement. Car le mouvement est plus étendu que jamais, il est massif et touche tous les pays : d'après une étude de Deloitte réalisée en 2018 auprès de 10 000 jeunes issus de 36 pays différents, 83 % des *millennials* (jeunes nés entre le début des années 1980 et la fin des années 1990) considèrent que la performance d'une entreprise ne peut se réduire à ses succès financiers : elle doit se lire également dans ses réussites sociales et écologiques[1]. Mais surtout, ces convictions dépassent clairement les barrières générationnelles. Pour rester sur l'exemple des États-Unis, 180 dirigeants des plus grandes entreprises américaines ont signé une tribune dans le *New York Times*, en août 2019, pour réclamer un changement de culture économique et une redéfinition de la mission des entreprises, prenant mieux en compte leur impact social[2]. Certes, cette tribune en restait aux déclarations d'intention et n'annonçait pas de mesures précises : mais la démarche était tout

1. « 2018 Deloitte Millennial Survey », www2.deloitte.com, p. 5.
2. David Gelles et David Yaffe-Bellany, « Shareholder value is no longer everything », *New York Times*, 19 août 2019.

de même inédite au pays de la libre entreprise et du capitalisme triomphant. Pour Julie Battilana, c'est le signe d'un changement des mentalités et la preuve que les « entreprises hybrides », soucieuses de coupler la performance économique à des objectifs sociaux et environnementaux, sont le modèle de demain.

En France, ces discussions animent la sphère économique depuis les années 2000 et se sont intensifiées ces dernières années, notamment dans le contexte de la loi sur le devoir de vigilance des multinationales (2017) et de la loi relative à la croissance et à la transformation des entreprises (loi Pacte, 2019). Si les divergences subsistent sur les manières de conduire cette transformation, il est indéniable que ce mouvement de responsabilisation des entreprises est plus qu'un frémissement, que ce soit en France, aux États-Unis, ou ailleurs dans le monde. Il est d'ailleurs révélateur que le forum de Davos ait mis au cœur des discussions de son édition de 2020 les questions du développement durable et du *stakeholder capitalism*.

Faisceau de raisons

Bien sûr, placer la notion de responsabilité au cœur du projet d'entreprise n'est pas une ambition entièrement neuve. Sans même évoquer l'économie sociale et solidaire, qui a fait de la responsabilité une composante essentielle de son ADN, acteurs économiques et experts en management ont, dès les années 1960, insisté sur la nécessité d'ouvrir la focale, de projeter le regard au-delà des intérêts financiers à court terme et de percevoir le contexte plus global, humain, social et environnemental, dans lequel une entreprise inscrit ses activités. La RSE (responsabilité sociale ou sociétale de l'entreprise) est ainsi depuis plusieurs décennies une norme intégrée au fonctionnement des organisations. Pourtant, même si elle est prise au sérieux, même si elle pose des garde-fous et imprègne progressivement la culture d'entreprise, elle semble impuissante à produire des changements significatifs, ceux dont nous avons aujourd'hui besoin. D'une part pour des raisons structurelles, parce qu'elle est rarement au cœur de la stratégie d'entreprise. En cas de coup dur, la priorité est en général donnée à l'économique, au financier ; la RSE apparaît alors comme une sorte de variable d'ajustement. D'autre part parce que la pression conjuguée de plusieurs enjeux globaux rend la RSE insuffisante, voire inadaptée. Or, la situation implique de faire beaucoup plus : il s'agit de l'enjeu écologique, de la question sociale et enfin des attentes de la société civile – des enjeux amplifiés par la crise sanitaire.

L'enjeu écologique, d'abord. La prise de conscience semble aujourd'hui largement partagée, la protection de l'environnement est dans toutes les bouches, des responsables politiques, des leaders économiques ou des simples citoyens. Mais si nous sommes plus clairvoyants des dangers, c'est malheureusement parce que la catastrophe est désormais bien tangible et que chaque jour apporte une nouvelle angoissante sur l'état des glaciers du massif du Mont-Blanc, la disparition de la calotte glacière du Groenland, la déforestation de l'Amazonie, les méga-incendies en Australie et en Californie, la sécheresse qui dévaste nos forêts, les produits chimiques qui infectent notre eau, notre alimentation… Notre modèle de développement est montré du doigt, mais les alternatives ne sont pas si simples à mettre en place, et les avis divergent fortement sur le rythme à imprimer à la fameuse « transition écologique ». Dans un ouvrage passionnant, *L'Âge productiviste*, l'historien des idées Serge Audier reconstruit les discours des penseurs de gauche depuis le début du XIXe siècle et montre que l'utopie productiviste a toujours habité les mouvements politiques dits progressistes[1]. Et si l'on peut déceler ici et là, dans l'abondante littérature sociale et politique des deux derniers siècles, des intuitions sur le coût environnemental de notre modèle de développement, l'écologie est restée très longtemps le grand impensé des idéologies de gauche. D'une part parce que les ressources naturelles paraissaient inépuisables, d'autre part aussi parce que ce refoulement permettait de ne pas se

1. Serge Audier, *L'Âge productiviste : hégémonie prométhéenne, brèches et alternatives écologiques*, Paris, La Découverte, 2019.

confronter à un paradoxe quasi insoluble : peut-on sortir la population de la pauvreté, peut-on combattre la misère et le dénuement sans malmener la nature, sans pousser les rendements ? Après tout, Marx lui-même attendait d'une hausse de la productivité la promesse de journées de travail plus courtes pour les ouvriers. Dans *Le Capital*, il expliquait que le travail demeurait sous le « règne de la nécessité » et que c'était en dehors de cette sphère, dans le temps libre dégagé par les gains de productivité, que les travailleurs avaient des chances de développer leur humanité, de jouir de leur liberté !... Ainsi serait-il simpliste de désigner toujours le même et unique responsable des malheurs du monde : l'entrepreneur capitaliste cynique, mû par son seul intérêt. C'est bien une révolution culturelle collective qu'il nous faut opérer si nous voulons maîtriser cette contradiction d'un développement qui assure à chacun des conditions de vie décentes et n'hypothèque pas l'avenir de la planète.

Deuxième raison de cette cristallisation sur la responsabilité sociale et sociétale des entreprises : la question des inégalités. Après la dérégulation sans frein des années 1980-1990 et le sentiment grisant pour le libéralisme, né de l'effondrement du bloc communiste, de naviguer dans le sens de l'histoire, un retour de balancier semble avoir lieu depuis la fin des années 2000. Les dogmes libéraux, comme la théorie du ruissellement, qui postule que l'enrichissement des uns profite au bout du compte à l'ensemble de la société, sont contestés. Au-delà des querelles d'experts, c'est la possibilité même d'une société cimentée autour de valeurs démocratiques qui est en jeu. En l'occurrence, il n'est pas certain, par exemple, que la progression de 11 % du nombre de millionnaires en France entre 2018 et 2019 contribue, aux yeux des citoyens, à cette unité[1]. Par ailleurs, les cas médiatisés de salaires faramineux et de parachutes dorés, notamment dans les années 2000, sont probablement exceptionnels, mais ils coexistent avec des tendances de fond qui accréditent l'idée que ces inégalités ne sont pas passagères : depuis les années 1970, selon Thomas Piketty[2], la concentration du capital et l'accroissement des inégalités de revenus ont fait régresser les démocraties occidentales aux niveaux d'inégalités qui prévalaient à la fin du XIXe siècle. Ces inégalités sont une menace pour la cohésion sociale, alors que les formes nouvelles de précarité, l'explosion des familles monoparentales, le chômage des jeunes, la grande dépendance imposent au contraire de mettre en œuvre une solidarité collective inventive. Aux entreprises de prendre leur part de responsabilité afin d'aider à atténuer ces inégalités et de contribuer à une plus grande inclusion.

1. D'après le rapport « World Wealth Report », publié par Capgemini, le 9 juillet 2020.
2. Thomas Piketty, *Le Capital au XXIe siècle*, Paris, Éditions du Seuil, 2013.

De toute façon, les entreprises qui se dérobent à cette responsabilité risquent de regretter tôt ou tard leur calcul. Car les attentes de la population sont fortes – c'est là le troisième aspect que je voudrais souligner. La pression de la société civile représente incontestablement une nouvelle donne. On peut voir là l'expression d'une démocratie qui s'étend et s'approfondit. Sur leur lieu de travail, les individus rejettent de plus en plus les procédures opaques, les décisions non motivées, les fonctionnements pyramidaux. Dans leurs modes de consommation, ils demandent de la transparence, un meilleur affichage, une plus grande traçabilité. Les consommateurs-citoyens peuvent compter, pour les aider à faire leurs choix selon les critères qui leur importent, sur une foule d'informations circulant librement sur Internet, sur l'engagement et le travail de synthèse d'ONG et d'associations qui listent les avantages comparatifs et établissent les palmarès des entreprises les plus vertueuses ou de celles, plus embarrassant, qui le sont le moins. Les applications qui permettent d'un scan d'estimer la qualité diététique d'un produit, l'empreinte écologique d'un article, les engagements sociaux et environnementaux d'une entreprise renforcent les habitudes de consommation critiques et responsables et placent les entreprises au pied du mur. Même s'il subsiste une certaine inertie dans la consommation, notamment des seniors, où la notoriété depuis longtemps acquise d'une entreprise et la fidélité à une marque restent des facteurs d'attachement importants[1], les nouvelles exigences de transparence et de responsabilisation érodent inexorablement les rentes de situation : une entreprise qui n'aurait pas pris ce virage se saborderait elle-même.

Outre la pression exercée par les consommateurs et la préoccupation de leur image, les entreprises subissent une deuxième forme de pression : celle exercée par les jeunes diplômés, qui recherchent, avec une conscience civique plus affûtée, une adéquation entre leur job et leur éthique de vie. Aujourd'hui, l'attractivité d'un employeur ne peut se réduire à un bon salaire et à des conditions matérielles de travail confortables : elle est indissociable des valeurs que véhicule et défend l'entreprise. Les jeunes générations veulent compenser la perte d'insouciance que cause l'état du monde par un surcroît de sens.

L'entreprise, un bien commun privé ?

Ainsi, la manière de concevoir le rôle d'une entreprise et de définir la finalité de l'économie a sensiblement évolué ces dernières années. Ce processus s'exprime par des vocabulaires nouveaux, des

1. Étude de l'Observatoire des comportements de la consommation pour Emakina et BFM Business, « Fidélité aux marques : une déception, et c'est fini ! », Odoxa.fr, 7 mai 2018.

conceptualisations inédites. Ces approches ont en commun de recoupler l'entreprise à un projet collectif, voire à l'intérêt général. Elles sont notamment défendues par une nouvelle génération d'économistes qui n'hésitent pas à chahuter les dogmes de l'économie libérale. Virgile Chassagnon, professeur d'économie à l'université de Grenoble et directeur de l'Institut de recherche pour l'économie politique de l'entreprise, a par exemple introduit l'idée d'« entreprise comme bien commun privé ». Idée à première vue paradoxale ! Mais le paradoxe se résorbe si l'on comprend qu'une entreprise, en organisant la production de biens et de services, contribue à la création de biens communs collectifs : santé, alimentation, gestion des ressources… Mettre ainsi l'accent sur la finalité collective implique à vrai dire de déplacer le regard et de ne plus se focaliser sur la seule question du capital. Selon l'économiste, en effet, savoir qui détient le capital d'une entreprise n'est pas suffisant pour pouvoir répondre de façon satisfaisante à trois questions essentielles : qui possède l'entreprise ? Qui la gouverne ? Qui sert-elle ? En réalité, c'est l'ensemble des parties prenantes, et en premier lieu les salariés, que certains experts qualifient à dessein d'« investisseurs en travail », qui donnent corps à l'entité collective que constitue l'entreprise. Virgile Chassagnon, comme de nombreux économistes et dirigeants d'entreprise, prône ainsi une démocratisation des modèles de gouvernance : en réformant la structure institutionnelle, il devient possible, à un niveau non seulement conceptuel mais aussi et surtout opérationnel, d'orienter la production et la création de valeur économique vers l'intérêt général[1].

Je citais, en avant-propos, les travaux réalisés par le Collège des Bernardins et Mines ParisTech autour de chercheurs comme Blanche Segrestin et Armand Hatchuel. Initiés en 2009, les nombreux échanges et rencontres organisés dans ce cadre, réunissant économistes, dirigeants d'entreprise, juristes, syndicalistes, élus locaux, ont notoirement contribué aux réflexions autour de l'entreprise à mission et ont nourri les discussions qui ont abouti à la loi Pacte. L'événement crucial à l'origine de ces travaux a été le déclenchement de la crise économique et financière de 2008, qui est apparu à beaucoup comme le signe d'un dévoiement de la vocation première des entreprises et comme l'échec d'un type de gouvernance focalisée sur la rémunération des actionnaires. Devant l'impasse où ont mené ces pratiques et face à la grave crise de confiance qu'elles ont suscitée dans l'opinion, ces chercheurs et ces décideurs ont voulu interroger les fondamentaux et poser une question aussi simple dans son énonciation que complexe dans ses implications : mais en fait, c'est quoi une entreprise ?

La profondeur du regard historique permet une fois encore de sortir de l'ornière de l'actualité et de

1. Voir l'entretien avec Virgile Chassagnon, *Le Monde*, 24 mai 2020.

ne pas succomber aux modes et idéologies dominantes. Blanche Segrestin rappelle ainsi que l'entreprise moderne, sous la forme que nous lui connaissons à peu près aujourd'hui, qui est à distinguer d'une simple « société », a émergé essentiellement dans la seconde moitié du XIXe siècle, dans le contexte des révolutions industrielles. L'entreprise se vit alors comme un « projet collectif visant à mobiliser des capacités d'action (des innovations technologiques et des métiers nouveaux) », afin de répondre à des défis nouveaux – et ils sont nombreux, alors que le monde occidental connaît une vague de transformations sociales et économiques sans précédent, sur fond de boom démographique, d'urbanisation exponentielle, d'accroissement effréné des connaissances scientifiques, de révolutions technologiques... L'utilité sociétale de l'entreprise réside historiquement dans sa capacité à mettre en œuvre des leviers d'innovation. Et c'est bien cette capacité à innover, cette vocation transformatrice qu'il s'agit aujourd'hui de replacer au cœur du projet d'entreprise : à un moment charnière de notre histoire, l'entreprise se doit d'assumer pleinement un rôle « civilisationnel ».

Cette nécessité de repenser le rôle et la fonction de l'entreprise a bien été perçue dans de nombreux pays du monde. À cet égard, la loi Pacte n'est pas une initiative isolée mais s'inscrit dans un mouvement plus vaste de reconnaissance juridique, initié depuis une dizaine d'années. Les *benefit corporations* aux États-Unis (dont le statut a été d'abord reconnu dans le Maryland et le Vermont en 2010, puis en Californie et dans l'État de New York en 2011, avant de se généraliser dans tout le pays) ou les *società benefit* en Italie (reconnues par la loi en 2015) partagent elles aussi l'ambition d'inscrire dans les statuts de l'entreprise la recherche de « bénéfices » sociaux, sociétaux ou environnementaux.

Ce mouvement a déjà permis des avancées, mais bute aussi sur un certain nombre d'obstacles. Il ne suffit pas, pour changer de paradigme, d'opposer frontalement le *shareholder capitalism* (capitalisme des actionnaires) et le *stakeholder capitalism* (capitalisme des parties prenantes). Il n'est pas simple d'apprécier le poids et le rôle respectifs des différentes « parties prenantes ». Il n'est pas simple de déterminer précisément les contours d'une entreprise et de son environnement : quelle place accorder par exemple dans la définition des parties prenantes aux fournisseurs, aux clients, aux élus locaux ? Par ailleurs, si tout le monde ou presque est disposé à reconnaître une responsabilité sociétale et environnementale à l'entreprise, il n'est pas simple non plus d'apprécier avec justesse l'étendue de cette responsabilité. C'est un travail en cours. À ce propos, Pascal Le Masson, professeur en sciences de gestion à Mines ParisTech, qui participe lui aussi aux travaux du Collège des Bernardins, a avancé l'idée de « responsabilité conceptive », notion qui veut exprimer la dynamique collective que l'entreprise est censée porter. Couplée à l'idée d'écosystème, cette responsabilité conceptive assigne un rôle de catalyseur à l'entreprise, qui, en partageant mission et valeurs avec ses partenaires, les aide à monter en compétence en vue d'un futur meilleur.

Si l'État ne peut pas tout, selon la formule désormais convenue, l'entreprise ne peut pas non plus transformer seule le monde : mais elle possède la force motrice nécessaire pour entraîner, dans un mouvement collectif, de nombreux partenaires, État, collectivités locales, investisseurs et bien d'autres acteurs, chacun engagé à hauteur de ses compétences et de son savoir-faire dans des projets de développement pérennes et responsables.

La loi Pacte : les mutuelles doivent-elles s'en réjouir… ou s'en méfier ?

Sans volonté politique, sans l'appui du législateur, les promesses de transformation restent privées des moyens concrets d'aboutir. Il était certainement temps d'ajuster le Code civil et le Code de commerce aux responsabilités accrues de l'entreprise. Une série de réglementations avaient du reste déjà posé, ces dernières années, un certain nombre de jalons, qui consacraient la responsabilité à multiples facettes de l'entreprise : responsabilité écologique à travers la loi de transition énergétique de 2016 ; responsabilité à l'égard de la chaîne d'approvisionnement avec la loi sur le devoir de vigilance de 2017 ;

responsabilité à l'égard de l'opinion publique avec la directive européenne sur l'information extrafinancière en 2017, complétée en 2019 d'un supplément relatif aux informations portant sur le climat…

La loi Pacte, adoptée en avril 2019, a apporté sa pierre au processus d'évolution, en incluant trois dispositions principales. Elles sont désormais bien connues. D'abord, la réécriture de l'article 1833 du Code civil, un article souvent critiqué pour son inadéquation avec la réalité de la vie des entreprises, a introduit l'obligation pour toute société, quel que soit son statut, de prendre en compte l'impact social et écologique de ses activités : « La société, mentionne le texte de loi, est gérée dans son intérêt social et en prenant en considération les enjeux sociaux et environnementaux de son activité ». Ensuite, la loi modifie le Code de commerce et crée le statut nouveau de « société à mission », qui permet justement à une entreprise de préciser, à côté de ses finalités commerciales, des objectifs sociaux et environnementaux. Dispositif qui ne doit pas être un gadget : afin d'assurer la bonne cohérence entre ces objectifs proclamés et l'activité réelle, la loi prévoit la mise en place d'un « comité de mission » adossé au conseil d'administration et la création d'un *chief mission officer* chargé de l'animer. Enfin, l'article 1835 du Code civil est lui aussi modifié et permet d'inscrire dans les statuts d'une entreprise une « raison d'être » qui, précise la loi, est « constituée des principes dont la société se dote et pour le respect desquels elle entend affecter des moyens dans la réalisation de son activité ». En définissant ainsi une raison d'être potentiellement opposable à des actionnaires focalisés sur leurs dividendes, la loi vise à protéger les entreprises créatrices d'intérêt collectif. Elle confère à l'entreprise une existence juridique autre que celle de l'intérêt commun de ses associés qui jusque-là, rappelle Blanche Segrestin, était « l'alpha et l'oméga[1] » de sa définition.

Certains juristes ont émis des réserves face à la perspective des contentieux difficilement solubles qui risquaient de découler de cette loi et de la réécriture des articles 1833 et 1835 du Code civil. Le Sénat a retoqué plusieurs articles avant que l'Assemblée n'adopte définitivement la loi. Entériner ce changement suscite inévitablement des résistances. Mais, au même moment, une étude[2] réalisée par le Boston Consulting Group et Entreprises et Médias auprès de 120 directeurs et directrices de la communication, pour la plupart membres de comités de direction et de comités exécutifs dans de grandes entreprises, révélait que deux tiers d'entre eux considéraient la formulation de leur raison d'être comme un enjeu stratégique essentiel, notamment en vue

1. Voir l'entretien avec Blanche Segrestin, *Le Monde*, 15 mars 2019.
2. BCG et Entreprises et Médias, « Raison d'être et performance des entreprises », Entreprises-medias.org, 1er février 2019.

de renforcer la cohésion interne, d'attirer les talents et de fidéliser les clients.

Les mutuelles doivent-elles se réjouir de cette large adhésion... ou la regarder au contraire avec un brin de scepticisme, voire de méfiance ? Si toutes les entreprises, même les plus axées sur le profit, peuvent faire valoir leur contribution à l'intérêt collectif et afficher une raison d'être suffisamment générale pour enrober leurs activités lucratives dans un slogan écocompatible, les mutuelles et les entreprises de l'ESS risquent de voir s'effacer leur marqueur identitaire et de perdre un gros avantage comparatif. Une forme d'indifférenciation risque de brouiller le regard du grand public, et des sociétaires eux-mêmes, qui ne voient plus vraiment de différences entre des entreprises qui toutes clament leur engagement social et écologique. Les moyens déployés par les très grandes entreprises, notamment les banques et les assurances, sont sans commune mesure avec ceux dont disposent les acteurs de l'ESS : leurs fondations ou leurs filiales dédiées aux actions sociétales constituent une force de frappe considérable et pourraient déloger de l'espace social et solidaire les acteurs plus modestes. Ces fondations et ces filiales sont des vitrines très précieuses pour les entreprises qui démontrent ainsi leur engagement social et environnemental. Dans leur étude, le BCG et Entreprises et Médias expliquent ainsi que pour les « dircoms » des grands groupes la raison d'être est essentiellement un « levier de réputation ». Chacun voit bien l'intérêt à verdir sa communication, à saupoudrer ici et là des préoccupations sociales et sociétales. En quelques années, quelques mois, dans tous les médias, les campagnes de publicité se sont multipliées, qui entonnent le même couplet et promettent aux consommateurs que leur marque s'engage pour la planète et les générations futures : ceux-ci sont ainsi assurés de pouvoir poursuivre sans grand changement des habitudes, sans grands efforts, avec juste quelques gestes cosmétiques, à peu près le même mode de consommation. Devant ces risques évidents de *green-* et de *fairwashing*, comment nous positionner ?

Sur la question de la sincérité des acteurs : disons-le tout de suite, personne n'a, a priori, le monopole de la vertu. « Statut n'est pas vertu », selon la formule souvent entendue ces dernières années. Commençons donc par faire notre autocritique : il y a certainement des entreprises qui bénéficient du label ESS et n'en poursuivent pas moins des visées lucratives, où la solidarité collective n'est qu'une considération secondaire. Et il y a tout aussi sûrement des acteurs capitalistes sincèrement concernés par les enjeux actuels, conscients des transformations nécessaires à mettre en œuvre et du changement de paradigme à opérer, défenseurs d'un capitalisme responsable. Les appels en ce sens se multiplient. L'un des derniers en date : le rapport publié par l'Institut Montaigne et le Comité Médicis en septembre 2020, « Le capitalisme responsable : une chance pour l'Europe[1] », sous la direction de Jean-Dominique Senard, président du groupe Renault, et Yves Perrier, directeur général d'Amundi. Les auteurs invitent à imaginer des financements de long terme pour soutenir les entreprises engagées, à repenser l'articulation des performances financières et extrafinancières, et à mettre en place un cadre juridique commun afin de faire de l'Europe le continent à l'avant-garde du capitalisme responsable.

La question de la sincérité des intentions est de toute façon épineuse ; en dernière instance, la conscience de chacun est seul juge. Surtout, ce qu'une discussion purement morale pourrait probablement trancher devient difficile à clarifier dans la sphère sociale et économique où s'entrecroisent différents registres et différents types d'intérêt. Après tout, même une valeur comme la solidarité, qui est au cœur de l'ESS, n'est pas pure de toute recherche d'intérêt personnel, au contraire ! Le philosophe et essayiste André Comte-Sponville n'a probablement pas tort quand il invite à ne pas confondre solidarité et désintéressement, solidarité et générosité. La solidarité est bien affaire d'intérêts : organiser la solidarité, c'est tenter de contrôler le jeu anarchique des égoïsmes et favoriser une convergence des intérêts en présence, c'est imaginer un arrangement où chacun

1. « Le capitalisme responsable : une chance pour l'Europe », rapport sous la direction de Jean-Dominique Senard et Yves Perrier, Institutmontaigne.org, septembre 2020.

a à gagner[1]. Et indiscutablement, les mutuelles d'assurance ne sont pas des associations à but caritatif. Ce qu'il faut donc surtout espérer, c'est que les dispositions de la loi Pacte renforceront la cohérence entre les paroles et les actes, et que la pression de l'opinion publique sanctionnera les entreprises qui se complairaient avec cynisme ou légèreté dans les coups de communication et les stratégies de récupération.

Cela dit, au-delà de l'opacité des mobiles – et André Comte-Sponville le reconnaît aussi –, j'incline à penser que les entreprises n'ont pas toutes les mêmes priorités. Certaines misent sur la solidarité pour augmenter leurs profits ; d'autres, comme les mutuelles, cherchent à être rentables afin de garantir une meilleure solidarité. Comprendre la solidarité comme un moyen ou comme une fin en soi, ce n'est pas tout à fait la même logique. Ainsi, plutôt que de susciter des attitudes défensives, la loi Pacte et la généralisation de l'idée de « mission » doivent être vues comme une incitation à réaffirmer l'héritage et l'originalité du modèle mutualiste. Jean-Baptiste Barféty, haut fonctionnaire rapporteur du rapport Notat-Senard, considère par exemple que les mutuelles ont ici une opportunité[2]. Selon lui, le droit européen de la concurrence, qui n'a pas perçu dans ses radars la

1. André Comte-Sponville, *Le capitalisme est-il moral ?*, Paris, Albin Michel, 2008 [2e éd.].

2. Jean-Baptiste Barféty, « La loi Pacte et la société à mission : une opportunité pour les mutuelles ? », dans *L'ENA hors les murs*, n° 488, mars 2019.

spécificité du modèle mutualiste, porte une responsabilité dans la banalisation du secteur des mutuelles d'assurance. Ce droit définit les entreprises selon leur type d'activité économique, indépendamment de leur statut juridique. Quant à ce statut, justement, le droit européen ne distingue, de manière binaire, que deux cas principaux : l'intérêt général à affiliation obligatoire (type sécurité sociale et retraites complémentaires) ou l'offre de biens et services facultatifs, régulée par le marché concurrentiel. Les principes de non-lucrativité, de solidarité et d'utilité sociale ainsi que la gouvernance démocratique et participative, caractéristiques des entreprises de l'ESS, ne semblent jouer aucun rôle pour le droit européen. Selon Jean-Baptiste Barféty, ce nivellement des différences a indéniablement contribué à donner du crédit au slogan « statut n'est pas vertu » et a favorisé la banalisation non seulement du secteur (notamment des banques coopératives et mutualistes), mais aussi, de manière diffuse, des esprits. Signe parmi d'autres : la tendance à gommer les identités collectives professionnelles trop marquées, qui étaient au fondement de la création des différentes mutuelles d'instituteurs, de commerçants ou d'artisans, et à créer de grands groupes susceptibles d'attirer des clients aux profils diversifiés, mais où la logique de solidarité professionnelle se perd.

Il n'est pas sûr que l'avenir des mutuelles se trouve dans un redéploiement corporatiste, mais la critique nous interroge. Redéfinir collectivement la mission et la raison d'être de l'entreprise doit être l'occasion pour les mutuelles de reconquérir leur héritage : faire en sorte que le sociétaire ne soit pas un client comme un autre, l'associer davantage à la démarche d'engagement de l'entreprise, le faire participer plus activement à l'établissement des contours de la ou des missions, lui permettre de calculer sa contribution à l'impact social et environnemental de sa mutuelle… Bref, il s'agit là de réactiver le potentiel de solidarité collective inhérente au modèle mutualiste. Car, conclut Jean-Baptiste Barféty, « si la mission est une preuve de volontarisme dans une entreprise capitaliste, elle est naturelle dans une mutuelle ».

Et en effet, je suis également convaincu que les mutuelles doivent saisir l'opportunité pour réaffirmer leur modèle. Un modèle éprouvé dont l'efficacité réside dans l'adéquation entre valeurs, discours, actions et organisation interne. C'est notre mission et, aurais-je envie de dire avec un peu d'emphase, notre honneur de mutualistes, de défendre ce modèle, de faire entendre sa singularité, pas assez audible dans un environnement économique très concurrentiel où les assureurs traditionnels et bancassureurs donnent de la voix en partant d'un point de vue très pondéré par la défense des marges économiques ; où de nouveaux acteurs (jeunes pousses de l'InsurTech, Gafam) veulent prendre argument de la technologie pour simplifier et personnaliser la réponse d'assurance sans faire trop de cas de la question éthique de l'utilisation des données personnelles et du maintien d'une vraie mutualisation des risques ; où enfin la pression réglementaire inspirée par l'Europe est de plus en plus forte, dans des approches normalisatrices, quelquefois technicistes, et pas toujours regardantes pour les impacts d'une activité dont les enjeux sociaux sont majeurs. Il est donc de notre responsabilité de continuer à amender notre modèle afin qu'il reste en phase avec les évolutions et les attentes de la société.

* * *

Dans son roman satirique *Armadillo*[1], l'auteur britannique William Boyd met en scène un expert en sinistres désabusé, qui ne trouve plus de sens à ce qu'il fait. Et pour cause ! Il ne se reconnaît pas dans les préceptes que lui délivre son patron : « Les gens se tournent vers l'assurance, lui explique celui-ci, pour éliminer l'incertitude dans certains domaines de leur vie. Les compagnies d'assurance se tournent vers les experts en sinistres pour mettre de l'incertitude dans l'assurance et ainsi réintroduire de l'incertitude chez les assurés. » Briser ce cercle vicieux de la défiance, que Boyd esquisse ici avec humour, instaurer au contraire de la confiance et de la transparence dans les relations de travail et les relations avec ses clients, donner du sens à son

1. William Boyd, *Armadillo*, Paris, Éditions du Seuil, 1998.

métier, un sens qui tient en grande partie à son utilité sociale, en fin de compte ouvrir les portes de l'entreprise à la société plutôt que de considérer l'environnement social comme un champ de prédation : voilà les directions à suivre pour faire advenir le nouvel âge des entreprises.

* * * * * *

Chapitre 3

Faire entrer la société dans l'entreprise

Démocratiser la gouvernance

L'entreprise est-elle ouverte à la société, est-elle le miroir de la diversité sociale et des aspirations démocratiques de la population, ou bien constitue-t-elle une place forte, régie par ses propres logiques, soustraite aux normativités démocratiques, sourde aux attentes de la société civile ? Les discussions qui ont eu lieu depuis la crise de 2008 sur la possible ou impossible moralisation du capitalisme, comme les débats engagés aujourd'hui sur l'opportunité d'un capitalisme responsable me semblent tourner d'une manière ou d'une autre autour de cette alternative.

Si l'on considère le capitalisme comme un mode impersonnel de production et d'échanges, obéissant à quelques grandes lois économiques et visant la maximisation des profits, on conclura assez logiquement à l'hétérogénéité du capitalisme et de la morale, de l'économie et des valeurs, et en fin de compte de l'entreprise et de la société. Si, en revanche, on appréhende ces grandeurs non comme des entités abstraites mais comme des dynamiques humaines où s'entrecroisent des compétences, des idées, des besoins, des intérêts, des attentes, des représentations du monde, des demandes de reconnaissance et d'accomplissement, bref un entrelacs bien vivant et imprévisible de talents et de motivations humaines, on conclura tout aussi logiquement à la porosité des sphères du travail et de la morale, de l'économie et des valeurs, de l'entreprise et de la société. Dans le langage des sciences sociales : la rationalité instrumentale, calculante, stratégique n'épuise pas toute la rationalité inhérente à la sphère du travail capitaliste, elle coexiste et s'entremêle avec une rationalité morale, qui distingue irréductiblement une organisation humaine d'une salle des machines automatisée.

Faire entrer la société dans l'entreprise, démocratiser son fonctionnement – ce que, soit dit en passant, le mutualisme s'efforce de faire depuis deux siècles –, c'est tout l'enjeu d'un capitalisme capable de se réformer, la condition sine qua non d'une économie plus responsable. Cette ouverture doit toucher la gouvernance, le management, la relation aux clients et aux parties prenantes. Sans cette ouverture, sans la volonté de faire de l'entreprise, en quelque sorte, une « homothétie » de la société, la confiance entre l'entreprise et les individus restera limitée, et les espoirs qu'a fait naître la loi Pacte pour une société plus juste et plus responsable seront vite balayés. En somme, moraliser le capitalisme, cela paraît compliqué – et c'est sûrement une manière spécieuse de formuler les enjeux. En revanche, démocratiser le fonctionnement des entreprises, cela semble à notre portée, et la voie la plus efficace pour humaniser la sphère du travail et de l'économie.

C'est aujourd'hui de la société que l'on peut attendre les bonnes impulsions pour transformer l'entreprise, et non d'un fonctionnement autarcique des organisations. La consultation lancée sur Internet en septembre 2020 par plusieurs chefs d'entreprise (dont la Maif, Danone et Pfizer France), suivis par une cinquantaine d'entreprises européennes, va dans ce sens, appelant les citoyennes et citoyens européens à se prononcer sur des questions de fond telles que : comment dépasser la recherche de profit à court terme ? Comment reconstruire des relations de confiance et engager ses collaborateurs ? Comment humaniser l'entreprise et en faire un lieu d'épanouissement[1] ? Grâce aux ressources de la *civic tech,* il devient possible, en quelques clics, de solliciter une multitude d'avis et d'expertises, d'initier une réflexion collective, sans contrainte, sans autocensure, sur nos modes d'organisation et de gouvernance, et de repenser nos services et nos missions pour mieux les ajuster aux évolutions de la société.

1. « La participation citoyenne en action ! », Cap-collectif.com, 24 septembre 2020.

Et d'ailleurs, pourquoi, jusqu'à présent, cet alignement si souvent souhaité de l'entreprise et de la société, du salarié et du citoyen, a-t-il été si difficile à obtenir ? Pourquoi les diverses normes qui, depuis plusieurs décennies, devaient contribuer à cet alignement (responsabilité sociétale des entreprises, loi NRE de 2001 relative aux nouvelles régulations économiques, « Pacte pour la planète » de Nicolas Hulot en 2007...) n'ont-elles permis qu'une évolution, certes nécessaire mais limitée, du cadre réglementaire et la normalisation de quelques pratiques, certes positives mais trop fragmentées – par exemple en matière d'investissement (avec l'ISR et les critères ESG) ? Certainement parce qu'aucune de ces mesures n'a atteint directement le cœur du réacteur, c'est-à-dire la pratique effective de la gouvernance. Le développement durable et la RSE ont davantage agi comme une contrainte externe et ont vu leur place dans l'agenda stratégique fluctuer au gré des crises économiques et des impératifs de rétablissement des marges. L'entreprise à mission ouvre une vraie brèche conceptuelle dans l'évidence de la société anonyme, mais elle amende aujourd'hui plus le formalisme juridique de la gouvernance qu'elle n'en transforme sa vie réelle. Si l'on veut aligner société et entreprise, il ne faut pas se contenter de rechercher un « impact social » comme un produit dérivé de l'activité, ni seulement présumer de la force opérante de statuts en y ajoutant quelque nouveau codicille. Il faut faire rentrer la société dans l'entreprise, c'est-à-dire directement dans sa gouvernance, là où se situe le pouvoir d'orientation, d'objectivation et de décision, bref le pouvoir tout court.

Trois propositions pourraient aller dans ce sens.

D'abord, faire entrer directement dans les conseils d'administration (et non dans un énième comité Théodule) des représentants de la société civile contributeurs et bénéficiaires de l'activité de l'entreprise. Cette proposition n'est que l'extension de logiques partielles mais existantes, que l'on pense aux administrateurs salariés avec voix délibérative, aux administrateurs indépendants, ou encore à la gouvernance d'organisations de l'économie sociale, comme les mutuelles, composée de sociétaires et d'adhérents. De fait, l'avantage du modèle mutualiste est précisément qu'il vient équilibrer ou aérer des considérations purement techniques par des sensibilités diverses issues du dehors. Le « dehors » n'est alors plus perçu comme un environnement extérieur au sein duquel l'entreprise effectuerait ses missions comme en terrain exotique, il est intégré à l'entreprise, se confond avec elle. Là où le « système » cherche en spécialisant les administrateurs à l'exacte mesure des activités qu'ils doivent contrôler, nous pensons qu'il faut aussi impulser un mouvement de métissage inverse et faire en sorte qu'au sein de son instance dirigeante la plus haute, l'intelligence sociale – et pas seulement experte – soit représentée et pèse sur les décisions de l'entreprise.

Deuxième proposition : évaluer les dirigeants d'entreprise, en plus des données économiques habituelles, sur des objectifs extrafinanciers dont leur rémunération dépendrait également. Il ne faut pas oublier que c'est par ce levier très puissant que la « démocratie actionnariale » a aligné depuis quarante ans les intérêts du management avec les siens ; il peut donc être aussi utilisé à d'autres fins. Outre les critères de la rémunération se pose la question des écarts de salaire. En ouvrant les instances dirigeantes à la diversité sociale et en brisant l'endogamie d'un système autoreproducteur où actionnaires et dirigeants sont dans un rapport d'hypnose réciproque, il y a fort à parier que les écarts de salaire au sein d'une même entreprise retrouveraient des ordres de grandeur plus acceptables. Quelle est l'échelle de ce qui est acceptable ? Au début du XXe siècle, le richissime financier américain J.P. Morgan recommandait des écarts de 1 à 20 au sein d'une même entreprise. Aujourd'hui, après notamment une flambée dans les années 1990, le ratio entre le salaire moyen et le salaire le plus élevé au sein d'une grande entreprise cotée avoisine les 70 en France, les 140 en Allemagne, les 265 aux États-Unis[1]… Ces écarts ne se légitiment sérieusement ni par le mérite ni par les risques pris. Ils s'expliquent par l'entre-soi des conseils d'administration et des

1. « Salaire des dirigeants : pour une régulation par le dialogue social », Cftc.fr, 25 octobre 2018.

assemblées d'actionnaires qui entérinent la très grande majorité des propositions de rémunération. C'est ce microcosme qu'il faut briser afin de préserver l'esprit d'équipe au sein de l'entreprise et, plus généralement, la cohésion sociale : afin, tout simplement, de revenir à plus de justice.

Enfin, troisième proposition – qui rejoint d'ailleurs l'analyse de Jean-Baptiste Barféty : garantir les conditions d'une authentique coconstruction de la mission et de la raison d'être d'une entreprise. Celle-ci ne peut pas simplement se définir sur le coin de table d'un comité exécutif, mais doit être l'aboutissement d'une démarche qui associe largement les parties prenantes et dont il faut pouvoir rendre compte en toute transparence. Consultation, participation collective, formulation, déclinaison : toutes celles et tous ceux qui gravitent dans l'écosystème de l'entreprise doivent pouvoir s'approprier ces différentes étapes. Faire entrer la société dans l'entreprise, c'est ouvrir la raison d'être à une définition collective.

Ainsi, à ce stade, l'entreprise à mission telle que la conçoit la loi Pacte reste un objet inachevé. Elle mérite d'être complétée, dans une deuxième version, par des exigences concrètes adressées à sa gouvernance : faute de quoi elle restera un support imparfait de la transformation sociale que les citoyens attendent de l'entreprise, jusqu'à ce qu'on la remplace par un nouvel objet à la mode. À cet égard, le départ forcé d'Emmanuel Faber de la direction de Danone, en mars 2021, sous la pression du fonds d'investissement américain Artisan Partners, confirme que le statut actuel d'entreprise à mission ne protège pas des vieilles turbulences du monde des affaires : Danone est en effet la première multinationale française à s'être dotée d'un tel statut ! Les raisons de ce départ sont certes complexes, mais elles tiennent certainement en partie au décalage entre le temps long nécessaire à une entreprise pour se transformer en profondeur en entreprise engagée et les exigences financières court-termistes de nombreux actionnaires. Pour le dire d'une formule : pas d'entreprise responsable sans actionnariat responsable ni gouvernance responsable, c'est-à-dire capable de concilier les enjeux éthiques, techniques et financiers auxquels l'entreprise est confrontée[1].

Jouer collectif et créer de la valeur sociale

Cette volonté de construire collectivement la raison d'être de l'entreprise, d'associer à son élaboration les différentes forces vives qui la portent, traduit une exigence de démocratie et de transparence issue de la société civile qui, malgré les inévitables résistances, se répand irrésistiblement dans

1. Voir l'entretien avec Élisabeth Laville, « Danone : être une entreprise à mission ne protège pas de la vie des affaires », *Challenges*, 22 mars 2021.

les organisations et sape les logiques verticales et autoritaires. Cette demande d'horizontalité, de codécision, de coopération n'est pas seulement une question fonctionnelle ou politique. Elle renvoie plus profondément à une réalité humaine, psychologique, morale, qui a été refoulée voire étouffée pendant plusieurs décennies et qui, peut-être par contrecoup, s'exprime aujourd'hui ouvertement. L'entreprise n'est pas un agrégat aléatoire de salariés anonymes et interchangeables, c'est un collectif de talents, de compétences, d'histoires vécues, de personnalités sensibles et originales, dont il faut savoir apprécier la richesse et valoriser le potentiel.

« Entreprise libérée », « entreprise altruiste », « bonheur au travail » : ces nouvelles manières de concevoir le fonctionnement de l'entreprise sont aujourd'hui de plus en plus populaires. Les partisans de ces nouvelles façons de vivre l'entreprise parlent d'un « grand saut » à faire, pour les leaders, pour les collaborateurs. Le grand saut, c'est celui qui consiste à rompre avec les habitudes, avec une forme de résignation considérant que « le monde du travail, c'est dur, de toute façon... », avec un modèle rigide qui s'est généralisé ces dernières décennies, sous la pression de la concurrence, un modèle pourtant générateur de souffrance pour les salariés. Dans son ouvrage *Homo economicus*, sorti quelques années après la crise de 2008, l'économiste Daniel Cohen faisait, comme beaucoup d'autres, ce constat : « Une souffrance morale nouvelle touche le monde des entreprises[1]. » En cause, selon lui, le « management par le stress », qui enseigne à être au plus juste partout, à se spécialiser, à recourir à la sous-traitance et à la délocalisation, toutes stratégies qui ne visent pas l'efficacité technique mais le profit. Cette logique a modifié les relations humaines et de travail au sein des entreprises au cours des trente dernières années : « Dans le monde *lean* des entreprises modernes, explique ainsi Daniel Cohen, la coopération, la réciprocité deviennent plus rares. La rivalité entre les personnes [...] est encouragée. » Et de citer le patron de General Electric, Jack Welch, qui assumait publiquement de licencier chaque année 10 % de ses salariés pour conserver intacte la soif de réussir.

Ce management par le stress se révèle humainement dévastateur : personne ne peut aujourd'hui sérieusement le contester. L'anthropologie et la philosophie sociale ont apporté, depuis une vingtaine d'années, un éclairage décisif sur ce qui est fondamentalement en jeu dans les phénomènes de fatigue de soi[2], de démotivation, de burn-out, auxquels des patrons et des salariés de plus en plus nombreux veulent aujourd'hui opposer les valeurs de bien-être, de confiance et d'accomplissement. S'il fallait résumer

1. Daniel Cohen, *Homo economicus*, *op. cit.*, p. 45.
2. Alain Ehrenberg, *La Fatigue d'être soi*, Paris, Odile Jacob, 2000.

ces enjeux en un mot, ce serait sûrement le mot « reconnaissance ».

Selon le philosophe Axel Honneth, dont les thèses ont été abondamment discutées dans de nombreuses disciplines ces dernières années (anthropologie, sociologie, psychologie, droit...), la reconnaissance est en effet au cœur de l'expérience morale de tout individu : c'est une donnée essentielle dans la formation de l'identité. Accordée dans une relation de réciprocité, cette reconnaissance nourrit ce minimum d'estime de soi nécessaire pour mener une vie digne, responsable, sinon épanouie, du moins stable et équilibrée. Déniée, son absence provoque une souffrance psychologique, des fragilités, un manque de confiance, un dénigrement de soi, des difficultés à interagir, à se projeter dans l'avenir. Selon Axel Honneth, cette reconnaissance s'établit dans trois sphères principales de notre vie : d'abord la sphère de l'amour et de l'amitié, où se joue une reconnaissance affective et où s'élabore, pour suivre sa typologie, la « confiance en soi » ; ensuite, la sphère morale et juridique où l'enjeu pour l'individu est d'obtenir un statut de personne morale et juridique qui permet de jouir du « respect de soi » ; enfin, la sphère sociale, essentiellement la sphère du travail, où la reconnaissance accordée confère à la personne une bonne « estime de soi ». Le déni de reconnaissance dans l'une de ces sphères aboutit à l'inverse à des sentiments paralysants de honte, d'inutilité, de déclassement, de marginalisation, de mépris[1].

La théorie de la reconnaissance a reçu un large écho car elle permet de jeter une lumière sur des pathologies propres, pour le dire vite, aux « pays riches » : même dans une démocratie installée, relativement prospère, où les droits fondamentaux sont globalement garantis, on observe une souffrance au travail, une souffrance souvent moins physique que par le passé mais davantage psychologique. Et c'est bien en termes de « déni de reconnaissance » que l'on peut analyser cette souffrance. À quoi ce phénomène tient-il ? Les nouvelles formes de l'économie capitaliste, où beaucoup de tâches sont automatisées voire dématérialisées, sollicitent bien plus les facultés cognitives et intellectuelles qu'auparavant. L'initiative personnelle, la créativité, l'adaptabilité sont valorisées, exigées même, et sont justifiées au nom de la réalisation de soi, qui est bien un idéal de la modernité démocratique. Or, cet idéal est souvent détourné et instrumentalisé à des fins commerciales et financières. L'accomplissement de soi est alors vidé de son sens, perd de son authenticité. Les salariés ne peuvent s'épanouir, déchirés entre leurs aspirations sincères et légitimes à exercer un métier en adéquation avec leur personnalité et un contexte

1. Axel Honneth, *La Lutte pour la reconnaissance*, Paris, Le Cerf, 2000. Voir aussi Axel Honneth, *La Société du mépris*, Paris, La Découverte, 2006.

professionnel où ces aspirations sont largement contrariées, où ils sont souvent assignés à des tâches vaines et ne jouissent pas toujours d'une égale considération de la part de leurs collègues ou de leur hiérarchie.

Ce qui, à l'inverse, donne corps à l'idéal d'accomplissement de soi, c'est la reconnaissance véritable, réciproque, intersubjective, des besoins de chacun : besoins pris dans leur globalité, intellectuels, émotionnels ; c'est ce sentiment de savoir que l'on compte, que nos compétences sont appréciées, que notre travail est utile à quelque chose. Le besoin de reconnaissance n'est donc pas une plainte élevée par des personnes un peu trop sensibles ou susceptibles ; ce n'est pas non plus un luxe qui rendrait la vie professionnelle plus douillette et confortable. C'est l'un des fondements moraux de notre vie démocratique. Il y va de l'égal respect et de l'égale dignité dus à chacun.

Confiance et reconnaissance

Favoriser un contexte professionnel qui ne contredit pas les valeurs démocratiques dont les salariés sont consciemment ou inconsciemment imprégnés, un environnement qui fait droit à ce besoin vital de reconnaissance, c'est au fond l'ambition que partagent les adeptes de plus en plus nombreux de l'« entreprise libérée » et du « mangement par la confiance ». Dès lors, il n'est guère surprenant que les qualités principales qui sont recommandées par ce type de management soient l'écoute, la confiance, la transparence.

L'écoute : c'est considérer que tous les avis comptent, ont leur pertinence, constituent un témoignage digne d'intérêt, délivre une expérience singulière. C'est être véritablement dans un rapport horizontal d'échange avec ses pairs. Bien sûr, comme dans un système politique démocratique, les représentants – en l'occurrence les chefs et les managers – ont la responsabilité de trancher à l'issue du processus de discussion : mais la décision ne doit pas être prise de manière discrétionnaire, elle doit être l'aboutissement d'une délibération, elle doit être formée, informée par une plongée dans le collectif.

La confiance est une autre vertu nécessaire : elle est la preuve d'une relation d'égal à égal, elle permet une écoute de qualité, génère un climat de bienveillance réciproque, est propice à l'initiative individuelle et collective, fluidifie le fonctionnement d'une organisation. À l'inverse, la défiance, dont on dit souvent que les Français sont les champions du monde, représente un coût disproportionné en énergie mentale, entrave les initiatives et les recherches de solution, quand elle n'est pas franchement contre-productive. Yann Algan et Pierre Cahuc ont alerté sur ses effets délétères dans un livre très remarqué à sa sortie en 2008 et qui garde toute son actualité,

La Société de la défiance[1]. Bien sûr, la confiance se mérite, se construit, s'entretient ; elle n'est pas distribuée aveuglément avec une généreuse prodigalité. Elle s'établit à chaque fois selon des modalités particulières entre deux personnes qui apprennent à se connaître et à collaborer. Mais elle renvoie à une disposition d'esprit fondamental et crée un climat social et professionnel où les choses deviennent possibles. Dans leur ouvrage *L'Entreprise altruiste*[2], Isaac Getz et Laurent Marbacher rapportent les expériences de chefs d'entreprise qui ont fait le choix, assez naturellement, d'un management par la confiance. Leurs témoignages s'accordent sur la proportion de collaborateurs peu fiables : 2 ou 3 %. Pourquoi dès lors établir des règles contraignantes, imposer un contrôle infantilisant qui risquerait de brider l'élan des 97 % ou 98 % de collaborateurs qui éprouvent une loyauté spontanée à l'égard de leur entreprise et de ceux qui la dirigent ? Moins de contrôles, moins d'évaluations, moins de check-lists et plus de temps pour accompagner les équipes : ce lâcher-prise peut se révéler salutaire.

La transparence est une autre caractéristique nécessaire d'un management axé sur le respect de toutes les parties prenantes, et notamment des salariés :

1. Yann Algan et Pierre Cahuc, *La Société de la défiance*, Paris, Rue d'Ulm, 2008.
2. Isaac Getz et Laurent Marbacher, *L'Entreprise altruiste*, Paris, Flammarion, 2022, [1re éd. 2019].

elle est la preuve que l'organisation appartient à tous, que les décisions qui sont prises le sont au nom et dans l'intérêt de toutes ces parties. Les informations doivent circuler, qu'il s'agisse de la stratégie de l'entreprise, de ses résultats financiers et extra-financiers ou – sujet sensible – de la rémunération des patrons. Il est normal que cette question entretienne les passions, car un écart modéré des salaires et une transparence dans la communication sur le sujet sont la preuve tangible de la sincérité des dirigeants et d'une convergence des intérêts. À l'inverse, l'opacité mine la confiance et entretient le doute que les managers tiennent un double langage. « Faites ce que je dis, ne faites pas ce que je fais » : il n'y a guère de ligne de (mauvaise) conduite plus démobilisatrice pour un collectif.

Le besoin de reconnaissance, au sein de la sphère du travail, comme à vrai dire dans les autres sphères de la vie individuelle et sociale, est intimement lié à un autre besoin : celui de trouver du sens à ce que l'on fait. L'anthropologue américain David Graeber a popularisé en anglais l'expression de *bullshit jobs* pour qualifier la profusion d'emplois dénués de sens qui, selon lui, ont été produits ces dernières années par l'économie capitaliste[1]. Des jobs sans réelle utilité sociale, souvent mal payés, que les salariés feignent d'assumer publiquement mais dans lesquels ils ne se retrouvent pas. À l'absence de sens

1. David Graeber, *Bullshit Jobs*, Arles, Actes Sud, 2019.

s'ajoute souvent, pour les salariés, le sentiment aliénant de ne pas avoir le contrôle sur ce qu'ils produisent, de ne pas avoir de vue d'ensemble sur le processus auquel ils participent. Cette perte de contrôle est un facteur important de démotivation. Le sens comme la reconnaissance sont affaire de réciprocité, de partage de valeurs, d'adhésion collective. Une tâche nous apparaît utile, pertinente, un job nous apparaît valorisant parce que la communauté dans laquelle nous évoluons les considère également comme tels. C'est dire si la conscience pour les salariés, et plus généralement pour les parties prenantes, de participer à un même projet qui tire le collectif dans le même sens et se nourrit aux mêmes valeurs, est un moteur essentiel de motivation.

De ce point de vue, l'élaboration de la « raison d'être » de l'entreprise peut être une opportunité unique de mobiliser et fédérer les parties prenantes autour d'une même mission. C'est mue par cette conviction que la Macif a lancé, fin 2019, durant huit semaines, une vaste consultation auprès de quelque 15 000 collaborateurs, sociétaires et délégués. Cette consultation a donné lieu à huit semaines de travaux, 4 103 contributions, 70 409 votes. Toutes ces contributions ont été patiemment rassemblées, dépouillées, analysées, synthétisées, de manière transparente et démocratique, et ont permis de définir collectivement notre raison d'être. « Mobiliser nos valeurs mutualistes et nos savoir-faire pour protéger le présent et permettre l'avenir, pour nous tous et les générations futures » : voilà, condensé, l'énoncé de la raison d'être du groupe Macif et l'aboutissement de ces semaines de discussions animées.

On le comprend : il s'agit d'autre chose ou de plus que d'une simple consultation. Il s'agit d'une cocréation, d'une coconstruction, d'un processus délibératif qui a passé les écluses procédurales mises en place collectivement pour déboucher sur un résultat qui s'apparente à la volonté générale. Cette raison d'être n'a pas été rédigée sur un coin de table par quelques responsables inspirés : c'est une vision partagée. Un homme, une voix : nous avons pris ce principe mutualiste pour argent comptant. Cet épisode est en quelque sorte un « moment constituant », qui nous a permis de refonder notre pacte social. Voilà qui légitime les actions à venir et renforce l'adhésion de toutes les parties prenantes à la mission d'entreprise Macif. Ce n'est pas une petite fierté que d'être la première entreprise en France à avoir organisé un événement d'une telle ampleur !

Il est fréquent d'utiliser l'image de capitaine d'équipe ou de chef d'orchestre pour expliciter le rôle d'un manager ou d'une manageuse. C'est une image peut-être un peu convenue, mais qui suggère bien le fonctionnement organique d'une entreprise et la nécessité d'y faire vivre à chaque instant une solidarité collective. Comme un capitaine ou un chef d'orchestre, le manager est le garant d'un collectif soudé où chacun sait la place qu'il occupe et la mission qu'il doit accomplir, où chacun dispose d'une marge d'autonomie et où la communication doit se faire sans entrave. Parlant d'autonomie, l'image de l'équipe de sport est peut-être plus appropriée que celle de l'orchestre : il s'agit en effet d'offrir des espaces de liberté où les collaborateurs peuvent exprimer leurs compétences, leur créativité, leur esprit d'initiative. Mais comme un chef d'orchestre, le ou la manager insuffle de l'énergie, de la motivation, de la passion. Il entraîne son collectif dans son sillage, le met en mouvement, lui fait ressentir sa force et son potentiel, dessine la trajectoire, esquisse la vision, s'assure de la cohérence des missions. Il tente d'incarner au mieux, par sa façon d'administrer, les valeurs fondatrices de l'entreprise. Il peut ainsi d'autant mieux stimuler la volonté d'engagement des salariés et leur adhésion aux valeurs du groupe.

La bienveillance dont le ou la manager témoigne n'est pas incompatible avec un haut niveau d'exigence, bien au contraire. Exiger de ses collaborateurs, c'est une marque d'intérêt et de confiance. Et pour le salarié, tenter de répondre à cette exigence, c'est un moyen de satisfaire son besoin de sens et de reconnaissance. C'est une loi de la psychologie sociale. Le regard que le manager porte sur les membres de son équipe est déterminant. Dépréciatif, il suscite le doute, insécurise, casse les dynamiques. Appréciatif, il renforce la confiance en soi des salariés et augmente notablement leur performance – c'est le fameux « effet Pygmalion », bien connu des théoriciens du management.

Enfin, Isaac Getz et Laurent Marbacher insistent, dans leur ouvrage, sur une condition indispensable à un bon management : le manager doit – dans ses fonctions, son mode de gouvernance, ses façons de prendre des décisions, d'interagir avec ses collègues – être en adéquation le plus possible avec son éthique, ses principes de vie, sa personne privée. Laisser tomber le *command and control* et tenter de donner l'exemple d'une cohérence véritable entre ce que l'on pense, ce que l'on dit et ce que l'on fait. Cette sincérité est communicative, possède une force d'entraînement. C'est une source d'inspiration pour l'équipe, pour l'organisation.

Au service des autres, inconditionnellement

Incarnées et mises en œuvre avec sincérité, les valeurs promues au sein d'une entreprise rayonnent nécessairement au-delà de ses murs. Du reste, peut-on encore parler de murs ? Le mot, l'idée sont-ils encore appropriés lorsqu'il s'agit, au contraire, d'être dans un rapport symbiotique avec la société ? De faire entrer la diversité de la société dans le projet collectif de l'entreprise ? Écosystème, environnement : ces mots correspondent désormais davantage à la réalité et explicitent le modèle que nous devons incarner. Ils suggèrent l'implantation de l'entreprise au sein d'un territoire donné, la nature vivante des échanges et des interactions entre toutes les forces vives qui animent ce territoire : entreprises, clients, fournisseurs, pouvoirs publics, autorités locales, écoles, universités, instituts de recherche…

Ainsi, un client n'est pas juste un agent rationnel lambda, qui cherche à maximiser sa mise de départ dans une transaction purement commerciale. C'est une personne mue par des intérêts, des valeurs, une histoire, une personne prise dans un quotidien, attachée à un lieu, engagée dans des relations humaines avec les gens qui partagent sa vie courante. C'est une personne souvent prête à donner du sens à son achat, notamment si elle peut contribuer par cette dépense à faire vivre son environnement. C'est en somme une personne qui apprécie d'être traitée dans son entièreté, certes comme un client, mais un client qui a un visage, une sensibilité, une identité. Une entreprise qui sait valoriser les différentes facettes de ses collaborateurs incline naturellement à percevoir ses clients – et tous ses interlocuteurs – dans leur singularité et leur richesse. Cela renvoie à ce que, en théorie du management, on appelle la « symétrie des attentions » : la qualité des relations en interne entre managers et salariés conditionne généralement la qualité des relations d'une entreprise avec sa clientèle. Cette symétrie est au fond le corollaire de cette approche en termes d'écosystème et d'environnement : nous sommes tous dans le même bateau, avec un intérêt commun à ramer dans la même direction !

Pas seulement l'entreprise et ses clients, mais aussi, donc, tous les intermédiaires, interlocuteurs, fournisseurs...

La confiance, l'écoute, la transparence, la réciprocité... toutes ces qualités indispensables à un management à la fois humain et efficace se diffusent dans tout l'écosystème et permettent une relation client commercialement et humainement satisfaisante. Pour Isaac Getz et Laurent Marbacher, ce souci de l'autre est d'ailleurs l'un des principes fondamentaux de l'entreprise altruiste – et le gage de sa réussite. Une préoccupation que les deux auteurs énoncent sous forme de précepte : « Se concentrer sur l'autre, sur les interlocuteurs, *inconditionnellement*[1]. » Ce service inconditionnel nous est familier à, nous, mutualistes. Il est au cœur de notre raison d'être. J'irais même jusqu'à dire qu'il n'y a pas d'« autre », car l'autre... c'est nous ! En effet, puisque l'entreprise appartient aux sociétaires, les positions dominantes s'évanouissent, la frontière entre le dedans et le dehors, entre l'assureur et l'assuré disparaît. L'intérêt de l'entreprise est celui du sociétaire – et réciproquement. Nos clients ne sont pas des clients mais des sociétaires. Le mot « sociétaire » a peut-être quelque chose de désuet. Mais ce mot appartient au vocabulaire mutualiste, il est chargé d'histoire... et d'avenir ! Car, redisons-le, l'avenir de l'entreprise

1. Isaac Getz et Laurent Marbacher, *L'Entreprise altruiste*, *op. cit.*, p. 10.

est bien de *faire société* avec son environnement. Et si, en cotisant pour la première fois à la Macif ou à Aésio, une personne se considère d'abord elle-même comme un simple client, notre objectif est bel et bien qu'elle se sente peu à peu appartenir à notre groupe et en devienne, activement, un sociétaire.

Selon la même logique de réciprocité, nos vendeurs ne sont pas des vendeurs, ce sont des conseillers. Ils accompagnent les sociétaires et les aident à trouver la formule qui convient à leur situation particulière. Ils touchent un salaire fixe, et aucune commission indexée sur leurs ventes. Cette identité de position permet de se concentrer sur les personnes, non sur leur porte-monnaie, d'être à leur écoute, de laisser parler l'empathie, d'être sincère et transparent, de faire preuve de prévenance. Pas de schizophrénie entre la personne privée et l'agent commercial, pas de cynisme, mais une harmonie entre les valeurs affichées par l'entreprise, l'éthique que chacun adopte dans sa vie privée et à l'égard de ses proches d'une part, et les façons de travailler au sein de l'entreprise d'autre part.

Bien sûr, toutes les entreprises n'ont pas vocation à être organisées selon les principes mutualistes. Mais notre conviction et notre espoir, c'est que notre modèle puisse inspirer d'autres modèles d'organisation. Et être, à côté d'autres, l'une des réponses aux défis de notre temps. De fait, le modèle mutualiste est l'une des facettes de l'entreprise altruiste. Dans leur ouvrage, Isaac Getz et Laurent Marbacher s'intéressent à des expériences menées dans des cadres aussi variés qu'une banque internationale, un hôpital, une chaîne de grande distribution, un laboratoire pharmaceutique majeur, une fromagerie en milieu rural… Il n'y a pas de modèle unique, pas de vérité définitive, seulement des principes – encore une fois, la confiance, la transparence, l'écoute, la prévenance, la responsabilité… – que des personnes décident d'incarner avec sincérité et à partir desquels, dans des configurations à chaque fois différentes, elles inventent de nouvelles façons de faire, de créer, de produire.

* * *

J'évoquais plus haut la métaphore de l'orchestre. Il est vrai qu'il y a chez nous le sentiment de former une entreprise chorale, où chacun peut faire entendre sa voix et où ces voix s'expriment de concert. Pour que la polyphonie ne vire pas à la cacophonie, il est essentiel de définir des règles, d'établir des procédures, de fixer les responsabilités de chacun, mais de les fixer dans un dialogue ouvert et structuré avec toutes les parties concernées. L'entreprise de demain est à l'image de la société : elle doit en refléter la diversité, la richesse, et répondre à ses exigences de transparence et de démocratie.

L'entreprise ne peut plus se vivre comme un espace indépendant, dédié prioritairement voire exclusivement au profit. Elle ne peut plus se penser comme un monde à part au sein de notre monde : le monde des affaires doit désormais aussi porter son regard sur les affaires du monde. Notre époque convoque l'entreprise en son lieu, elle lui demande de devenir un agent, un acteur supplémentaire de résolution des crises contemporaines, de devenir « partie prenante » des défis, des difficultés, des destinations d'un monde habitable. Et cette injonction est d'autant plus forte aujourd'hui, en 2022, alors que la crise sanitaire démontre de manière spectaculaire l'intrication de toutes les activités humaines. L'entreprise de demain n'est pas, ou pas seulement, réparatrice, elle *fait société*. Une société du savoir, de la connaissance, de l'innovation, de la recherche. Une société, il faut l'espérer, plus juste et plus responsable.

Nous avons évoqué, dans les deux derniers chapitres, le mouvement d'ouverture de l'entreprise à l'extraordinaire diversité qui anime la société, aux exigences de reconnaissance, de justice sociale, de représentation, de démocratie qui en émanent. Dans une démarche symétrique, je voudrais, dans les chapitres suivants, suivre le mouvement par lequel l'entreprise sort de ses murs et irrigue, par ses activités, ses innovations, ses investissements, la vie de la société – mouvement par lequel, en fin de compte, elle finit par ressembler à son environnement.

J'ai retenu cinq thématiques : la transition écologique, les territoires, la santé, la précarité, la jeunesse. La liste aurait pu, bien sûr, être beaucoup plus longue. Mais ce sont là quelques thématiques fortes, chères au mutualisme en général et à notre Groupe en particulier. Des thématiques transversales qui se répondent et se recoupent, et qui accueillent en elles d'autres thématiques tout aussi importantes que j'évoquerai au fil de la réflexion : l'inclusion, l'égalité entre hommes et femmes, la révolution numérique, l'habitat ou encore la mobilité.

Dans ces chapitres, je donnerai des exemples précis d'initiatives, de projets, menés par notre Groupe ou par d'autres entreprises. Il n'est pas question ici de publicité, d'autopromotion, mais plutôt de présenter, exemples à l'appui, nos manières de concevoir les problèmes et de passer à l'acte pour les résoudre. Le mutualisme joue avec des grandeurs puissamment mobilisatrices (la justice sociale et environnementale, l'humanité, l'éthique, la solidarité...), mais qui peuvent susciter une forme de découragement et de désenchantement si l'on reste attaché au fantasme d'un monde parfait où ces idéaux seraient enfin pleinement réalisés. Le mutualisme, ce sont des idéaux et des valeurs, certes, mais ce sont également des expérimentations, des tentatives, une approche pragmatique des questions sociales. Ce sont aussi et surtout des rencontres, des relations avec des personnes, avec des lieux, avec des territoires, avec une multitude d'acteurs, de projets, de façons particulières de faire avancer les choses. Et ces liens avec des destins individuels, avec des territoires chargés d'histoire, sont, différemment des valeurs mais tout aussi fortement, incroyablement mobilisateurs.

* * * * * *

Partie 3

L'entreprise hors les murs

Chapitre 4

Protéger le présent pour permettre l'avenir

Une éthique du lointain

Un choc des temporalités : c'est ce qu'il y a, entre autres, de déconcertant dans la crise écologique que nous vivons. Chacun de nous est en effet pris entre différentes temporalités qu'il doit tenter de concilier : celle du quotidien, où l'on a souvent l'impression d'être débordé et de devoir jongler avec les engagements personnels et les nombreuses obligations professionnelles ; celle de notre existence individuelle où l'on projette sur le plus long terme ses projets, ses aspirations, ses conceptions d'une vie réussie, sans grandes certitudes mais avec l'espoir de maintenir à peu près le cap pour les années à venir ; et désormais, depuis que les dérèglements climatiques ont fait irruption dans notre vie collective, une temporalité plus vaste encore, difficile à appréhender pour une conscience humaine justement accordée à l'échelle de sa propre existence.

Le changement climatique nous oblige en effet à penser à plus grande échelle, à nous projeter dans plusieurs décennies, à nous préoccuper des générations futures et des conditions d'habitabilité d'une planète qui continuera à tourner sans nous. La crise écologique nous intime de ne plus penser « après moi, le déluge », ce qui, pourtant, quelles que soient nos qualités morales, est une tendance humaine compréhensible. Car ce qu'il nous manque, quand nous nous projetons dans l'avenir, c'est de pouvoir éprouver concrètement les conséquences positives ou négatives de nos actes. La volonté devient faible quand elle doit se soutenir par elle-même, sans gratification immédiate ou proche, sans représentation claire des bénéfices que ses efforts sont censés récolter.

Cette difficulté est au cœur de la notion de responsabilité, qui est elle-même au cœur des enjeux écologiques. À la fin des années 1970, le philosophe Hans Jonas a popularisé cette notion dans un ouvrage qui est devenu un classique, *Le Principe de responsabilité*[1]. Hans Jonas explique que le pouvoir que les hommes exercent désormais sur notre planète, à travers la technologie nucléaire et à travers l'exploitation intensive des ressources, dépasse tout ce qui avait été jusqu'ici pensé et expérimenté. C'est pourquoi l'éthique doit changer de dimension. Jusque-là,

1. Hans Jonas, *Le Principe de responsabilité : une éthique pour la civilisation technologique*, Paris, Flammarion, « Champs Essais », 2013 [1re éd. 1979].

en effet, les philosophes et les juristes n'entrevoyaient, en matière d'éthique, qu'un périmètre réduit, il s'agissait d'apprécier la justesse morale d'un acte dans ses implications plus ou moins immédiates. C'était une « éthique du proche » (a-t-on bien agi avec son voisin, avec ses amis ?), une éthique anthropocentrée (les enjeux concernaient le mal ou le bien causé à une autre personne), une éthique qui se fondait sur une forme d'intuition morale et ne demandait pas de connaissance savante particulière (on sent bien, en gros, ce qui est considéré dans notre culture comme une bonne ou comme une mauvaise action). L'ampleur des enjeux écologiques oblige aujourd'hui à changer de dimension et à développer une « éthique de la responsabilité ». Cette éthique n'est plus une éthique du proche, mais une éthique du lointain : elle implique de se préoccuper de la Terre dans cinquante ou deux cents ans, des générations futures, de tout un collectif qui nous est en grande partie inconnu et qui est souvent éloigné de nous géographiquement – on sait que les populations qui vont le plus souffrir du réchauffement ne vivent pas dans nos zones tempérées. Cette éthique implique en outre un savoir scientifique, technique, susceptible d'évaluer les conséquences de nos activités sur la santé de la planète : l'éthique est devenue une affaire d'émissions de gaz et d'empreinte écologique, une affaire de calculs scientifiques, et non plus une cause de philosophes ! Enfin, cette éthique de la responsabilité n'est plus anthropocentrée, elle demande de prendre en compte l'impact de nos actions sur le non-humain, et la nature se voit même peu à peu reconnaître des droits.

Ces réflexions de pleine actualité, Hans Jonas les menait il y a plus de quarante ans. Et si nous avons collectivement tardé à réagir, c'est probablement parce que, de fait, une « éthique du lointain » est humainement difficile à mettre en œuvre. Aujourd'hui, le futur se rapproche, pour ainsi dire, le lointain devient familier, et la crise sanitaire nous donne une idée très concrète du type de catastrophes à grande échelle auxquelles nous risquons à l'avenir d'être régulièrement confrontés. Alors que faire ? Comment se préparer à cette société du risque écologique et même des « mégarisques » ? Additionner les petits gestes et les bonnes volontés ou tenter de faire plus, beaucoup plus, et surtout beaucoup plus vite ? Probablement les deux, sans se décourager devant l'immensité de la tâche, et sans minimiser ce que la somme de nos petites actions peut avoir au bout du compte de bénéfique. Accélérer la transition écologique, promouvoir une économie décarbonée, abandonner le productivisme à tous crins, réformer le capitalisme… ne se fera pas d'un coup de baguette magique. Mais une chose est certaine, cela ne sera possible que grâce à un engagement collectif, de chacun dans sa vie quotidienne, des responsables politiques, de l'État (des États !), des collectivités locales, du monde associatif et, bien sûr, des entreprises. J'évoquais dans l'avant-propos la notion d'« entreprisocène », que des économistes ont récemment forgée pour mettre en évidence l'impact des activités des entreprises sur l'état du monde. Les entreprises possèdent de fait une force de transformation prodigieuse. Faisons en sorte que cette force n'appauvrisse pas davantage notre monde mais contribue au contraire à le préserver, et même (soyons optimistes) à le restaurer.

Promouvoir l'écocitoyenneté

Concrètement : quels sont les leviers d'action et de transformation ? Et quelle part une mutuelle d'assurance peut-elle prendre à la lutte contre le réchauffement climatique ? Pour nous, cette lutte est une priorité absolue et nous avons organisé notre engagement autour de trois axes principaux. Le premier axe, qui ne surprendra guère de la part d'un assureur mutualiste, c'est la protection et l'accompagnement des sociétaires face aux aléas climatiques. Cela signifie, en amont, un travail de prévention pour anticiper d'éventuels sinistres, dont on sait qu'ils sont de plus en plus violents, de plus en plus fréquents et en même temps imprévisibles : inondations, tempêtes, orages de forte intensité, grands froids ou au contraire canicules et sécheresses… La prévention repose sur une bonne information et sur des conseils utiles et précis : comment adapter son habitat, comment se protéger, protéger ses biens, comment s'organiser avant, pendant et après un sinistre. La protection et l'accompagnement résident dans une assistance juridique adéquate et dans des contrats d'assurance personnalisés. Face à des événements qui bousculent l'existence, il est essentiel d'apporter aux personnes fragilisées une écoute et une expertise qui permettront d'en atténuer les dommages tant matériels que psychologiques.

Outre la prévention et la protection contre les risques naturels, un assureur mutualiste, engagé dans la transition écologique, a vocation à étendre les actions de prévention à de nombreux domaines de la vie quotidienne. Donner du pouvoir d'agir, pour reprendre l'un de nos adages, cela signifie, dans un monde mis sous pression par les dérèglements climatiques, aider chacune et chacun à se préparer et à s'adapter aux conséquences du réchauffement, et à intégrer au quotidien les gestes et les pratiques susceptibles d'en atténuer les effets. Concrètement, nous veillons à ce que nos sociétaires puissent partager et accéder à une foule de conseils et d'informations en matière de consommation, de nutrition, d'habitat et de mobilité durables. Nous organisons des ateliers, relayons des paroles de spécialistes ou de citoyens engagés sur des sujets aussi variés que l'éducation alimentaire, la consommation d'eau et d'énergie, les habitats écologiques, la gestion des déchets, le recyclage des vêtements, les bienfaits de la permaculture, les mobilités douces… Le but, c'est de contribuer de façon *soft* à un changement des habitudes et des mentalités. C'est de promouvoir, sans contrainte ni idéologie, une forme d'éco-citoyenneté qui contribue à façonner un nouveau quotidien.

Soutenir les sociétés innovantes

Le deuxième axe de notre engagement consiste en une politique d'investissements responsables pour l'ensemble de nos actifs mobiliers et immobiliers. L'objectif est de financer le développement des énergies renouvelables et la transition énergétique vers une économie « bas carbone ». Quelle est notre stratégie ? Il s'agit d'abord d'exclure un certain nombre d'émetteurs qui ne répondent pas aux standards environnementaux, sociaux et de gouvernance (ESG) retenus, notamment : les producteurs de tabac, les spéculateurs de matières premières agricoles et de terres agricoles ; les développeurs de centrales à charbon et, depuis 2020, les émetteurs qui tirent plus de 30 % de leur chiffre d'affaires des activités de production ou d'exploitation du charbon thermique ou dont la capacité de production est à plus de 20 % à base de charbon thermique[1]. Et pour être dans une démarche constructive et de long terme, notre Groupe favorise – quand c'est possible – le

1. Seuils retenus par la Global Coal Exit List (GCEL) de l'ONG Urgewald.

dialogue avec les émetteurs polluants plutôt que l'exclusion systématique, afin de les accompagner dans leur transformation vers les énergies renouvelables.

Il s'agit ensuite de financer l'économie réelle en tenant compte à chaque fois des critères ESG dans le processus d'investissement. Cela signifie notamment privilégier les émetteurs qui jouent un rôle majeur dans la transition énergétique, poursuivre les investissements en *green bonds* ou obligations vertes (obligations finançant des projets à bénéfice environnemental), favoriser les fonds des sociétés de gestion signataires des Principes pour l'investissement responsable (PRI, mis en place dans le cadre des institutions onusiennes). Quant au portefeuille immobilier, nous développons les investissements dans des actifs bénéficiant d'une certification environnementale ou d'un label énergétique. Nous veillons aussi à améliorer les bonnes pratiques d'exploitation de nos immeubles par toute une série de dispositifs : contrats avec clauses énergétiques, certifications environnementales en exploitation, ou encore sensibilisation des occupants aux écogestes...

Nos investissements permettent de soutenir de nombreuses sociétés innovantes qui aident à lutter contre le réchauffement climatique et à préserver la biodiversité. Par exemple, la société Olmix, une société bretonne, spécialiste mondiale des biotechnologies marines et de la chimie verte, contribue à diminuer l'usage de produits chimiques dans l'agriculture grâce à l'utilisation d'algues et d'oligo-éléments. La société normande PGS participe quant à elle à un usage maîtrisé des matières premières grâce à la production et la réparation de palettes de bois écoconçues. En matière d'électricité durable, nous aidons plusieurs sociétés françaises, comme Akuo Energy, Cap Vert Énergie et Reden Solar, qui développent des projets de production d'énergie renouvelable (fermes photovoltaïques, fermes éoliennes) en France et à l'étranger. Par ailleurs, grâce à notre investissement dans trois fonds de dettes d'infrastructures, nous avons financé en 2019 la production de 27 MW d'énergie solaire, 31 MW d'énergie éolienne et 27 GW d'énergie issue du recyclage de déchets. À quoi correspondent ces chiffres un peu énigmatiques ? À la consommation électrique annuelle de 30 000 foyers, c'est-à-dire de villes comme Quimper ou Bourges !

Dernier exemple d'investissement responsable, les parts que nous possédons dans des groupements forestiers. Comme l'on sait, les forêts sont des puits de carbone essentiels et un refuge irremplaçable pour la biodiversité. Il se trouve que la Macif compte, depuis les années 1980, parmi les propriétaires privés de la forêt française et dispose d'un patrimoine forestier équivalent à la surface de Paris intra-muros. Par notre engagement, nous contribuons à valoriser le capital de ces forêts en y développant une politique de gestion durable et en privilégiant la diversité des essences, la préservation de la faune et de la flore, la protection des eaux ou encore l'absence de pesticides. Un engagement partagé avec Aésio avant même notre fusion puisque Aésio soutient activement l'Office national des forêts et son fonds de dotation Agir pour la forêt.

On le voit à travers ces différents exemples : les investissements peuvent toucher une très grande diversité d'activités et de domaines. Et de fait, il est nécessaire, si nous voulons changer peu à peu de paradigme et réussir la transition écologique, de généraliser les pratiques responsables à tous les secteurs de l'économie.

Repenser l'habitat et la mobilité

Troisième axe de notre engagement : renforcer notre performance environnementale à travers nos pratiques internes et nos métiers. Parce qu'il est essentiel d'incarner soi-même le changement que l'on appelle de ses vœux, notre Groupe a engagé, comme heureusement beaucoup d'autres entreprises aujourd'hui, un tournant écologique en interne. L'objectif est, pour le dire d'une formule, de se déplacer et de consommer mieux et moins, en réduisant notamment la production des déchets et la consommation de papier, en recourant à de l'électricité verte, en rendant public le bilan carbone de l'entreprise et des différents services… Depuis plusieurs années, nous menons une campagne de mobilisation et d'information active auprès de l'ensemble des salariés du Groupe pour encourager une consommation d'énergie plus responsable. Les efforts portent leurs fruits : en 2019, les consommations énergétiques du groupe Macif ont baissé de 17 % par rapport à 2016 (année de référence). Prochaines étapes : réduction attendue de 30 % de notre consommation énergétique d'ici à 2025 et de 40 % d'ici à 2030, afin d'être alignés sur les objectifs de l'accord de Paris.

Plus généralement, il est impossible d'accélérer la transition écologique et de faire advenir un nouveau paradigme sans réformer notre cœur de métier. J'ai évoqué nos actions de prévoyance et notre politique d'investissement. Je souhaiterais m'arrêter sur deux domaines essentiels pour notre Groupe et qui sont des enjeux cruciaux dans la lutte contre le réchauffement climatique : l'habitat et la mobilité. Dans ses conclusions publiées l'été dernier, la Convention citoyenne sur le climat rappelle les chiffres : le parc immobilier français, résidentiel et tertiaire, représente à lui seul 16 % des émissions de gaz à effet de serre (GES) de notre pays. Pour parvenir à la neutralité carbone en 2050, il va falloir réduire par dix les émissions. Côté mobilité, les chiffres sont encore plus édifiants : les déplacements de personnes et le transport de marchandises seraient actuellement responsables de plus de 30 % des émissions de GES en France. Ce total se partage entre les voitures (52 %), les poids lourds (19 %), les véhicules utilitaires (19 %)

et les vols intérieurs (4 %). L'habitat et la mobilité apparaissent donc à la fois comme des points névralgiques et comme des remèdes possibles. Ce ne sont pas les seuls, bien sûr, mais il est évident que ces deux domaines d'activité offrent une importante marge d'action. C'est d'autant plus vrai que les problématiques liées à l'habitat et à la mobilité innervent toute la vie de la société.

Habiter un lieu, un fait en apparence anodin qui recoupe pourtant de nombreux enjeux : environnementaux, sociaux, politiques et même existentiels. Dans un essai justement intitulé *Habiter*, Michel Serres explique que l'être humain est marqué de façon indélébile par sa première expérience d'habitat : son existence intra-utérine. Il ne ferait que rechercher toute sa vie, et ce depuis la nuit des temps, des manières de recréer cet habitat originel, de reconstituer un confort, une sécurité, de retrouver des résonances familières[1]. C'est dire si la cause mérite toute notre attention ! Les enjeux actuels invitent en tout cas à repenser les conditions d'habitat non seulement en prenant la mesure du défi technique de la nécessaire rénovation thermique et en soutenant la construction de logements individuels et collectifs peu consommateurs d'énergie carbonée, mais aussi plus largement en réfléchissant aux manières d'habiter un territoire, d'y développer des liens, d'organiser le partage des activités humaines

1. Michel Serres, *Habiter*, Paris, Le Pommier, 2012.

et des espaces naturels, d'aménager les villes et de maîtriser leur étalement. Depuis quelques années, on assiste ainsi au développement de nombreuses expériences qui visent à réorganiser nos façons d'habiter et à répondre à des préoccupations environnementales et sociales. L'esprit des « communs » plane souvent sur ces diverses initiatives car l'on sent bien qu'une démarche strictement individualiste n'est plus appropriée pour répondre à des problématiques qui, précisément, nous concernent collectivement : limiter la spéculation immobilière et la flambée des prix (par exemple, en vingt ans, le prix de l'immobilier ancien a doublé voire triplé en Île-de-France[1]) ; lutter contre la ghettoïsation sociale et générationnelle en développant des formes d'habitat ouvertes à la mixité et à la solidarité intergénérationnelle ; promouvoir un usage partagé des infrastructures et des commodités afin de réduire la dépense énergétique…

Les habitats coopératifs ou participatifs sont l'une des expressions de cet idéal des communs. Souvent plus développés chez nos voisins (en Suisse, en Allemagne ou en Norvège notamment), ils trouvent peu à peu leur place en France et permettent d'envisager d'habiter autrement. Les formes en sont variées, associant locataires et propriétaires, ou se déclinant en coopératives où chacun possède des parts à hauteur de ses moyens et de ses envies. Quels que soient

1. *Figaro Immobilier*, 9 novembre 2020.

le statut juridique et le lieu d'implantation, la philosophie reste la même : impliquer les futurs habitants dans la conception des logements et des espaces communs (espaces verts, toits-terrasses, salles partagées...) ; dépasser la ségrégation sociale générée par des prix d'accès à la propriété trop élevés sur le marché classique ; mélanger les générations en réservant une partie des logements à des familles, à des retraités... Bref, c'est la concrétisation d'une certaine idée du vivre-ensemble. Bien sûr, ces initiatives ont besoin du soutien d'investisseurs et des conseils d'experts en immobilier coopératif. C'est pourquoi la Macif, à travers sa Fondation, soutient la Fédération française des coopératives d'habitants (Habicoop), qui accompagne le développement de tels projets.

Ces projets s'étendent parfois à tout un quartier et englobent des milliers d'habitants. En Allemagne, pays à l'avant-garde de l'habitat coopératif, de véritables écoquartiers ont fleuri dans de nombreuses villes, comme à Berlin, Tubingue ou Fribourg. Au total, plus de 5 millions d'habitants ont fait le choix d'un habitat participatif. Les projets sont en général le fait de citoyens et de municipalités engagés qui choisissent de rénover collectivement des quartiers plutôt que de les vendre à des promoteurs privés. En l'occurrence, ces quartiers sont, dans de nombreux cas, des anciennes casernes laissées à l'abandon après le départ des troupes américaines qui étaient stationnées en Allemagne jusque dans les années 1990-2000. Le quartier Vauban, à Fribourg-en-Brisgau, est un exemple remarquable d'une réhabilitation réussie : plus de 5 000 habitants participent aujourd'hui activement à la vie de ce quartier, conçu selon des critères écologiques rigoureux, avec logements passifs, toitures végétalisées, panneaux solaires qui fournissent l'essentiel de l'énergie, où les voitures sont proscrites, où les enfants peuvent jouer en toute sécurité dans la rue, où les habitants circulent librement à pied ou à vélo, et où des commerces et ateliers font de ce quartier un véritable lieu de vie et non une cité-dortoir.

L'habitat est étroitement lié à la problématique de la mobilité : comment se déplace-t-on de chez soi à son travail ? Quel est le temps de trajet ? Quel en est le coût ? Quelles sont les incidences sur la santé, sur l'environnement, sur la vie sociale ? Je reviendrai sur la dimension davantage sociale de la mobilité et je m'arrête ici sur les enjeux écologiques, si tant est que l'on puisse les dissocier. Je citais plus haut un chiffre évocateur : 30 % des GES seraient causés en France par les transports de personnes et de marchandises. La mobilité représente donc un levier essentiel de la transition écologique. Bien sûr, l'on ne décide pas du jour au lendemain de changer le parc automobile en faveur de véhicules propres. Du reste, la fabrication de ces véhicules et l'électricité dont ils ont besoin posent à leur tour de vraies questions environnementales. Les personnes sont par ailleurs attachées à leurs voitures. Pour des millions de gens, la voiture est bien plus qu'un moyen de transport, c'est un moyen de subsistance. Sans voiture, dans bien des endroits mal desservis par les transports en commun, impossible de faire ses courses, d'amener ses enfants au collège de la ville d'à côté, de se rendre sur son lieu de travail – quand le véhicule n'est pas lui-même un utilitaire indispensable pour ledit travail.

Nos modes de vie, moins circonscrits à un seul lieu qu'ils ne l'étaient pour les générations passées, ont accentué notre dépendance aux transports et à la voiture. En quelques décennies, les distances effectuées chaque jour par les Françaises et les Français, tous types de transport confondus, se sont considérablement accrues : aujourd'hui, en moyenne, chaque personne parcourt quotidiennement cinquante kilomètres contre cinq kilomètres au milieu des années 1970[1] ! Que la crise des Gilets jaunes ait été déclenchée par un projet de taxe sur les véhicules diesel et que les manifestants aient pris comme emblème un gilet routier n'est pas anecdotique : cela dit l'importance vitale que revêt la voiture pour des millions de gens. Quelques semaines avant le déclenchement de ce mouvement, le gouvernement avait d'ailleurs dû rétropédaler sur un autre projet également lié à l'usage de la voiture : la limitation de vitesse à 80 kilomètres-heure sur les routes départementales. Il faut avoir conscience des contraintes et des réalités quotidiennes

1. Jean Viard, *L'Implosion démocratique*, La Tour-d'Aigues, Éditions de l'Aube, 2019, p. 84.

d'une grande partie de la population si l'on veut réussir à changer progressivement les mentalités et les pratiques. La Convention citoyenne sur le climat invite à porter les efforts sur le changement des comportements, sur la recherche de nouvelles technologies et sur une meilleure organisation des territoires. La mobilisation des Gilets jaunes a rappelé que la transition écologique ne pouvait se faire en opposant deux France, une France des grandes villes et des métropoles et une France rurale et périurbaine. Il nous faut penser et organiser à la fois une mobilité spécifique aux métropoles (transports en communs verts, mobilités douces – vélos, trottinettes…) et une mobilité spécifique aux territoires ruraux et périurbains.

Assureur historique pour les voitures et les deux-roues, la Macif est naturellement investie dans ces questions de mobilité durable. Comme pour l'habitat, nous tentons d'actionner différents types de levier. La prévention reste l'une de nos priorités et l'un de nos savoir-faire. Tout le travail d'information et de formation réalisé en amont pour une conduite raisonnée et pour la généralisation de transports décarbonés participe de ce nécessaire changement des mentalités. En outre, à travers notre Fondation, nous soutenons de nombreuses initiatives sur tout le territoire : de services d'autopartage de voitures électriques en zone rurale au développement du transport urbain à vélo sous diverses formes (distribution de colis, déménagement à vélo, transport volumineux...), en passant par des garages solidaires qui réparent des voitures d'occasion à destination de personnes à faibles revenus – répondant ainsi à une double préoccupation écologique et sociale. Nous investissons également dans des sociétés engagées dans le développement de mobilités durables : par exemple, la société Moustache Bikes, basée à Thaon-les-Vosges, spécialisée dans l'assemblage et la commercialisation de vélos électriques, dont l'activité contribue à dynamiser le bassin d'emplois local. Et parce que ces questions s'inscrivent dans des démarches de moyen et long terme et exigent à la fois une réflexion de fond sur les mutations de notre société et la convergence d'une quantité de compétences pour trouver les solutions les plus désirables, nous participons à des écosystèmes comme le Lab Movin'On lancé en 2017 par Michelin, qui a réuni jusqu'à présent plus de 200 parties prenantes, toutes investies dans les problématiques de mobilité connectée et durable, et tentant d'anticiper les mobilités de demain.

Voilà, en un rapide survol, les formes d'engagement que nous soutenons pour faire face au changement climatique. Sans dogmatisme, sans saupoudrage non plus, mais en essayant d'agir sur nos points forts, en tâtonnant souvent, en apprenant toujours, et en évaluant en permanence l'efficacité de nos stratégies.

***

Dans son ouvrage *La Réalisation de soi*[1], le philosophe norvégien Arne Næss, fondateur de l'« écologie profonde », rapportait une anecdote édifiante. Des Lapons de l'Arctique norvégien s'étaient opposés à ce que la rivière qui traversait leur territoire soit détournée de son cours naturel pour un projet de construction hydroélectrique. Accusé d'occupation illégale des bords de la rivière, l'un d'eux avait expliqué devant le tribunal, le plus sérieusement du monde, que « cette rivière faisait partie de lui-même ». Il y a encore quelques années, cette remarque nous aurait probablement fait sourire et aurait paru relever d'une pensée naïve ou ingénue. La crise sanitaire, la crise climatique et l'effondrement de la biodiversité nous incitent aujourd'hui, je crois, à percevoir les choses différemment, nous ouvrent les yeux sur notre vulnérabilité, sur l'interdépendance de l'humain et du non-humain, du vivant et du non-vivant, sur notre place au sein de la nature. Pour l'écologie profonde, *tout se tient*, littéralement. Mais ce que dit cette anecdote, ce n'est pas seulement une vérité scientifique sur l'interdépendance de l'homme et de la biosphère, c'est aussi une vérité existentielle qui touche à la réalisation de soi. La réalisation de soi est l'une des promesses de nos démocraties libérales, mais elle ne peut véritablement être tenue, nous prévient Arne Næss, qu'à

1. Arne Næss, *La Réalisation de soi*, Marseille, Wildproject, 2017 [1re éd. 1986], p. 95.

condition de bien comprendre ce « soi » et de ne pas le réduire à un « ego » autocentré et matérialiste. C'est ici que la vision du monde des Lapons peut nous aider. La relation à un lieu et aux éléments naturels qui le constituent est un facteur déterminant d'épanouissement de soi, d'un soi élargi, empathique, pleinement humain. Il y a même de la joie, une joie profonde, explique Arne Næss, à se sentir en résonance avec la totalité qui nous environne et à en prendre soin. Cette joie n'est pas seulement contemplative, c'est un moteur pour l'action et assurément le meilleur remède contre le catastrophisme et la résignation. L'éthique de la responsabilité n'est donc pas seulement une éthique du lointain, c'est aussi une éthique du proche, une éthique qui s'apparente à une forme de prévenance. Le réchauffement de notre planète est un défi global, mais les solutions se trouvent souvent tout près de nous, dans la connaissance que nous avons de nos territoires et dans l'attachement que nous leur portons.

******

Chapitre 5

Construire des ponts et réunifier l'archipel

Des villes et des territoires

« Une société de la mobilité traversée d'appel au local[1]. » C'est l'une des formules que choisit le sociologue Jean Viard pour décrire notre société. Il l'utilise dans son ouvrage *L'Implosion démocratique*, écrit en 2018-2019, dans le contexte de la mobilisation des Gilets jaunes, pour tenter de saisir les motivations de ce mouvement unique en son genre. La formule renvoie à la fois à un constat et à un besoin. L'état des lieux pointe une organisation sociale profondément bouleversée, en quelques décennies, par l'explosion des moyens de communication et de transports et par l'individualisation de nos modes de vie. Aujourd'hui, les existences sont souvent partagées entre plusieurs centres de gravité. Je citais dans le chapitre précédent le chiffre des

1. Jean Viard, *L'Implosion démocratique*, La Tour-d'Aigues, Éditions de l'Aube, 2019, p. 130.

déplacements réalisés chaque jour par les Français : cinquante kilomètres en moyenne, soit dix fois plus que dans les années 1970 ! Les distances s'allongent, les liens se distendent, les contacts se multiplient tout en perdant en intensité. Ces discontinuités nouvelles interrogent au passage les fondements de la vie civique puisque, d'après un chiffre cité par Jean Viard, 64 % des électeurs ne votent pas dans la commune où ils dorment[1]. La mobilité n'est pas seulement matérielle, elle est également virtuelle : la révolution numérique fait éclater les frontières, crée des communautés qui se juxtaposent et s'additionnent les unes aux autres, sans pour autant remplacer les contacts physiques, les interactions réelles par lesquels notre humanité se construit et s'approfondit. Et à côté de ce constat d'une société en mobilité, justement, en partie par compensation, un besoin se fait d'autant plus fortement ressentir : le besoin d'appartenir à un lieu, à un microcosme, à un environnement familier et hospitalier, d'y développer des possibilités concrètes de vie et, si possible, de vie épanouie. Voilà, sommairement, ce que recèle, je crois, la formule employée par Jean Viard.

Cet « appel au local », des dizaines voire des centaines de milliers de Français, soutenus par des millions d'autres, l'ont réitéré toutes les semaines pendant un an et demi, en manifestant sur les ronds-points ou dans les centres-villes avant que la

1. *Ibid.*, p. 89.

pandémie n'interrompe brusquement leur mobilisation. Le mouvement des Gilets jaunes est un phénomène complexe et protéiforme, difficile à analyser dans toutes ses composantes. Mais ce qui paraît clair, c'est qu'il est révélateur d'une fracture, en partie réelle, en partie probablement fantasmée, entre deux France : la France des territoires d'un côté, périurbaine et rurale, et celle des grandes villes et des métropoles de l'autre. Cette fracture, c'est celle des opportunités professionnelles et des possibilités de vie qui paraissent inéquitablement distribuées. La richesse et l'activité tendent en effet à se concentrer dans les grandes villes : les quinze aires urbaines de plus de 500 000 habitants concentreraient 43 % de la population, 46 % des emplois et 55 % de la masse salariale. Le PIB par habitant y serait en moyenne 50 % plus élevé que dans le reste du pays[1]. Les villes apparaissent comme des accélérateurs de croissance économique, des lieux d'innovation (notamment numérique et écologique), des lieux plus sûrs, des lieux où la vie quotidienne est facilitée par de plus gros investissements dans les infrastructures, les transports, la santé…

Cette perception est certes en partie erronée. Non seulement les disparités sont parfois grandes entre territoires – certains se portant plutôt bien, si bien qu'évoquer sans distinction « les territoires » de

1. Patrick Roger, « Les Français et le sentiment de fracture territoriale », *Le Monde*, 14 février 2019.

manière générale n'est pas forcément pertinent[1] –, non seulement le coût par habitant investi par l'État dans les services publics est nettement plus élevé dans les zones faiblement peuplées que dans les zones métropolitaines[2], mais les villes elles-mêmes ne sont pas l'eldorado que l'on pourrait croire. Il s'y concentre beaucoup de familles monoparentales en situation de précarité, de la pauvreté, de l'exclusion, de la violence également. Pourtant, la conviction que la ville offre une protection quand les territoires sont laissés à l'abandon est répandue et génère ressentiment et frustration. D'après une enquête réalisée par Ipsos-Villes de France juste avant le début de la mobilisation des Gilets jaunes, en octobre 2018, 80 % des personnes interrogées considéraient que Paris et les grandes métropoles bénéficiaient davantage de la politique du gouvernement que le reste du pays[3]. Selon Jean Viard, le fait que le mouvement des Gilets jaunes se soit cristallisé sur la taxe carbone imposée aux véhicules diesel a été ressenti comme une atteinte à l'encontre de certains choix de vie : s'installer en dehors des centres urbains, acheter un pavillon, posséder une ou deux voitures. La France des Gilets jaunes, c'est, dans bien des cas, une France qui s'était

1. Pierre Veltz, *La France des territoires : défis et promesses*, La Tour-d'Aigues, Éditions de l'Aube, 2019.
2. Patrick Roger, « Les Français et le sentiment de fracture territoriale », art. cité.
3. « Baromètre des territoires Ipsos-Villes de France », Villesdefrance.fr, 13 février 2019.

élevée par le travail et qui assiste à sa lente redescente. Le pouvoir d'achat est rogné, les services publics paraissent s'éloigner, et les personnes se voient en plus stigmatisées pour une forme de vie qui devait être synonyme de réussite. D'où un rapport de défiance et de rancune vis-à-vis d'élites métropolitaines, et notamment parisiennes, qui paraissent imposer leurs règles sans connaissance du terrain. Des élites qui semblent ignorer que la France de la voiture reste majoritaire et que les maisons individuelles sont plus nombreuses que les appartements dans les habitations collectives[1].

Pour Jean Viard, au cœur du mécontentement exprimé se loge un sentiment de déclassement et de décalage par rapport à l'évolution de l'époque, et la ville incarne cette évolution qui semble refusée aux territoires. Des villes plus ouvertes sur le monde et sa diversité culturelle, des villes où se concentrent de fait plus de diplômés et de CSP+, des villes qui semblent avoir pris le train de la transition écologique et de la révolution numérique, des villes qui paraissent plus en phase avec la globalisation. Ces dernières années, cinq villes se sont partagé 310 000 emplois créés dans le numérique[2]. Les pouvoirs publics, les investisseurs se sont engagés pour mettre en œuvre la révolution numérique et la transition écologique essentiellement dans les grandes villes, mais insuffisamment dans les territoires : « L'enjeu, c'est de refonder

1. Jean Viard, *L'Implosion démocratique, op. cit.*, p. 10.
2. *Ibid.*, p. 92.

notre démocratie en société numérique, mobile et écologique – un projet somptueux qui peut être mortel[1] », prévient le sociologue.

Développer des *smarts cities*, imaginer la ville connectée de demain, c'est bien sûr extrêmement séduisant et stimulant, mais cela ne peut se faire dans l'oubli du reste du pays et il est vital de « reconnecter » tout ce pays à des projets communs qui s'attellent à repenser le travail, la production, la consommation, la mobilité et l'habitat dans le contexte de la révolution numérique et de la transition écologique. Ainsi, ce dont la crise des Gilets jaunes est le révélateur, ce n'est pas seulement d'inégalités sociales en général, d'un ascenseur social bloqué, d'un plafond de verre entre le bas et le haut, mais aussi d'une rupture géographique entre la périphérie et le centre. Et l'urgence, aujourd'hui, c'est d'établir des liens entre cette périphérie et ces centres, de jeter des ponts entre les îlots d'une société « archipélisée », pour reprendre le mot du politiste Jérôme Fourquet[2].

L'entreprise, un « commun de territoire »

Ce dont souffrent nos territoires, c'est d'abord un déficit de « commun ». Nos vies suivent des trajectoires

1. *Ibid.*, p. 93.
2. Jérôme Fourquet, *L'Archipel français : naissance d'une nation multiple et divisée*, Paris, Éditions du Seuil, 2019.

plus individualisées que ce n'était le cas pour les générations précédentes. Cette individualisation est à double tranchant. Nous subissons moins de contraintes collectives, mais disposons en même temps de moins de cadres structurants. Deux des grandes forces fédératrices des deux siècles passés, l'Église et le mouvement ouvrier (partis et syndicats), ont considérablement perdu, ces dernières décennies, de leur force d'attraction et de leur capacité de mobilisation. Les espérances d'une vie meilleure ne sont plus prises en charge par des institutions : elles sont désormais l'affaire de chacun. En même temps, le besoin de solidarité collective, le besoin de partager du sens et des valeurs restent pressants. Toutes les trajectoires ne sont pas planes et rectilignes, et certaines se vivent dans l'exclusion, la précarité, la solitude. Mais où *faire commun*, désormais ? Les ronds-points et les supermarchés ne suffisent pas. Dans les communes, les mairies endossent souvent le rôle de prestataires de services. Comment créer du lien civique et social lorsque, pour reprendre le chiffre cité plus haut, 64 % des électeurs ne votent pas dans la commune où ils dorment ? Comment contrebalancer cette démocratie du « voisinage anonyme[1] » ?

Parmi les forces susceptibles de dynamiser les territoires, de créer ou recréer du commun, les entreprises jouent bien sûr un rôle moteur. Historiquement, elles ont toujours contribué au développement des

1. Jean Viard, *L'Implosion démocratique*, *op. cit.*, p. 51.

territoires et ont notamment permis l'aménagement d'infrastructures qui ont pu bénéficier à l'ensemble de la population. Isaac Getz et Laurent Marbacher rappellent ainsi, dans leur ouvrage *L'Entreprise altruiste*[1], que les industriels anglais ont créé, vers la fin du XVIIIe siècle et le début du XIXe siècle, les premières compagnies de canaux afin de transporter les matières premières et les produits manufacturés à un meilleur prix. Initiative qui a permis d'améliorer le niveau de vie des habitants des villes des Midlands reliées par un réseau de voies navigables, qui disposaient dès lors de charbon, de farine ou de céréales à des prix nettement plus bas.

Que les entreprises aient une « utilité sociale » qui dépasse l'espace clos de leurs usines et de leurs entrepôts est une évidence aujourd'hui largement reconnue. Cette utilité sociale est d'ailleurs appréhendée positivement à travers la capacité qu'ont les entreprises à impulser des écosystèmes et à faire vivre des territoires, mais aussi négativement à travers l'impact environnemental qu'elles peuvent parfois avoir, en termes de dégradation de l'environnement, de rejets toxiques, de pollutions qui affectent à la fois la santé de la population locale et les ressources naturelles du territoire. Les spécialistes de stratégie d'entreprise ont développé ces dernières années la notion de « valeur partagée » pour compléter celle de « chaîne de

1. Isaac Getz et Laurent Marbacher, *L'Entreprise altruiste*, *op. cit.*, p. 15-16.

valeur » afin de bien rendre compte de l'interdépendance entre une entreprise et son environnement territorial et suggérer les bénéfices mutuels que chacun pouvait retirer de leur vitalité respective. La notion de valeur partagée permet ainsi de prendre conscience de l'impact *collectif* que produisent les nombreuses parties prenantes qui interagissent au sein d'un même territoire et qui forment un même écosystème[1].

Dans le même ordre d'idées, Hervé Defalvard, économiste spécialiste de l'ESS, a proposé de définir l'entreprise comme un « commun de territoire[2] ». Il est arrivé à cette définition en partant de l'étude de cas d'entreprises menacées de liquidation ou de fermeture et occupées par leurs salariés. Hervé Defalvard remarque que, pour illégale que soit l'occupation d'une entreprise, elle est relativement tolérée car elle est assimilée non pas à une lutte de personnes particulières, mais à un « combat du territoire ». En effet, ce ne sont pas seulement les emplois de l'entreprise X ou Y qui sont en jeu, ce sont aussi ceux d'un territoire donné, et à travers eux le lien social et la possibilité d'un vivre-ensemble et d'un vivre-bien. D'où, à chaque fois, une mobilisation des différents acteurs locaux : les élus (maires et conseillers départementaux) et la

1. Yannick Blanc, « De l'impact social à la chaîne de valeur élargie », Fonda.asso.fr, juin 2018.
2. Hervé Defalvard, « L'entreprise comme commun de territoire », dans Nicole Alix, Jean-Louis Bancel, Benjamin Coriat et Frédéric Sultan, *Vers une république des communs ?*, Paris, Les Liens qui libèrent, 2018, p. 199-204.

communauté d'agglomération s'improvisent, dans les cas étudiés, parties prenantes et élaborent des stratégies de transformation des sites et de reconversion des entreprises. Les habitants, bien sûr, se mobilisent à travers les différents rôles qu'ils sont susceptibles de jouer : consommateurs des biens produits par les entreprises en question, producteurs de certaines matières premières utilisées par ces entreprises, investisseurs dans les dispositifs de financement participatif mis en place pour soutenir de nouveaux projets d'entreprise. Enfin, la presse locale donne une résonance médiatique à la mobilisation et en fait souvent l'illustration d'un combat pour la justice sociale, d'une résistance populaire face au déclin programmé d'une région. Ainsi, ce qui ressort clairement des cas étudiés, c'est que le territoire est une dimension constitutive de tout projet d'entreprise, de toute vie d'entreprise.

C'est pourquoi il est essentiel que la gouvernance de l'entreprise rende compte de cet attachement territorial. Selon Hervé Defalvard, la gouvernance d'une entreprise renvoie essentiellement à deux types d'institution : l'institution des marchés financiers, à travers le droit des sociétés, et l'institution de l'État, à travers le droit du travail. Or, le droit d'usage (de l'établissement et de ses machines) que revendiquent les salariés dans le cas d'occupation de leur entreprise suggère un troisième type d'institution : le commun de territoire[1]. L'économiste propose donc de mettre en place une

1. *Ibid.*, p. 203.

représentation de ce « commun » à travers un comité d'entreprise ou d'établissement refondé, en le faisant évoluer de l'organe purement consultatif qu'il est aujourd'hui à un organe disposant sur certains sujets d'un droit de veto – à l'instar du comité d'entreprise allemand. Sa gouvernance devrait alors inclure – Hervé Defalvard décline la liste de toutes les parties prenantes d'un territoire – « des représentants territoriaux des employeurs, des salariés, des collectivités locales, des banques, mais aussi des acteurs de la formation et de la recherche, susceptibles, d'une part de passer des accords de territoire et, d'autre part, d'intervenir pour coconstruire, négocier et valider des accords d'entreprise[1] ».

Que nous disent ces analyses et ces essais de redéfinition ? Une chose simple : toute entreprise est engagée dans une démarche de création partagée de valeurs, valeurs à la fois économiques, sociales, humaines, écologiques, qui irriguent un territoire, une région, créent du lien, aident à trouver des solutions pour faciliter la vie des gens au quotidien et les relient au reste du pays.

Habiter un territoire

Travailler au sein d'un territoire est une problématique cruciale ; habiter en est une autre, tout

1. *Ibid.*

aussi essentielle. Créer du commun, faire commun, c'est en effet organiser la vie des villes et des villages. Et c'est en premier lieu veiller à ce que cette vie ne s'éteigne pas, que les commerces ne ferment pas les uns après les autres, que les services publics ne s'éloignent pas, que les centres des bourgs restent des lieux de rencontres, d'échanges, de vie. Sur ces questions, l'économie sociale et solidaire est particulièrement investie. Prenons l'exemple de l'association Villages vivants, spécialisée dans l'immobilier coopératif. Son but est de faire revivre le centre des vieux bourgs et de revitaliser les zones rurales. Grâce à des appels de fonds auprès des citoyens, des entreprises et des collectivités, l'association achète des locaux en déshérence, les rénove et les transforme en fonction des projets retenus. Ce peut être la rénovation d'une vieille auberge transformée en restaurant-épicerie et espace de coworking ; la construction d'un commerce multifonctions ou d'un café-atelier pour les familles, ou encore l'ouverture d'une librairie coopérative… Chaque projet a ses spécificités et répond aux besoins particuliers d'un lieu, d'une population. Sylvain Dumas, l'un des responsables de l'association, insiste sur l'effet de contagion que suscitent ces initiatives : ouvrir une boutique, un nouveau commerce, un lieu de rencontres permet de créer de l'attractivité, d'inspirer de nouvelles initiatives et d'engager une spirale positive. Il est crucial de lutter contre la résignation, de casser les cercles vicieux. L'énergie et les envies sont là, souvent dispersées, il faut les stimuler, les fédérer.

Par ailleurs, en lançant ce type d'initiatives, ce n'est pas seulement la vie sociale et économique que l'on soutient, c'est aussi l'identité d'un territoire que l'on défend. « Si on laisse faire le courant mainstream qui consiste à produire des zones périphériques, prévient Sylvain Dumas, on fait des villes interchangeables et on efface toutes les singularités des territoires. » Le « désir de commun » (Jean Viard) se nourrit aussi de la beauté d'un lieu, de son histoire transmise et racontée par-delà les générations. Cette dimension affective est un remède contre la fatalité et permet souvent d'inverser le cours des choses.

La question de l'immobilier s'inscrit dans la problématique plus large de l'aménagement des territoires. Ici, de nombreux avis semblent converger, qui s'appuient sur des expertises à la fois économiques, sociales et environnementales, pour soutenir l'urgence d'une lutte contre l'artificialisation des sols et l'étalement urbain. C'est l'une des demandes expresses de la Convention citoyenne sur le climat : préserver les espaces naturels, agricoles et forestiers nécessaires à la transition écologique, maîtriser l'étalement urbain et encourager la construction de la ville sur la ville. C'est aussi la revendication de sociologues spécialistes des territoires comme Jean Viard, qui demande, pour son « pacte territorial », une sanctuarisation des terres arables et une protection juridique, sur le modèle de la protection du littoral et des sites patrimoniaux, de notre « sol commun[1] ». C'est enfin ce qu'exigent des acteurs associatifs comme Terre de liens qui, depuis près de vingt ans, s'engagent pour maintenir une agriculture de proximité. Leur constat est sans appel : chaque semaine, en France, 1 300 hectares d'espaces agricoles et naturels sont recouverts de bitume et de béton ; en dix ans, le prix des terres agricoles a grimpé de près de 40 %, poussant de jeunes paysans à s'endetter[2]... Pour enrayer cet engrenage, l'association rachète des fermes et des terres, les met à disposition d'agriculteurs engagés dans des productions bio et des circuits courts de distribution. Ces fermes à taille humaine permettent de revitaliser les campagnes, de recréer du lien social et de mobiliser de nombreux citoyens autour d'un même bien commun : la terre cultivable, source de subsistance depuis des millénaires et aujourd'hui mise en péril par notre mode de développement.

Encourager les mobilités solidaires

Désenclaver des territoires, c'est aussi, et peut-être d'abord, les rendre accessibles aux activités sociales et professionnelles, c'est donner à leurs habitants un

1. Jean Viard, *L'Implosion démocratique, op. cit.*, p. 139-143.
2. Source : Terredeliens.org

sentiment d'autonomie et de liberté, le sentiment que les choses sont possibles, et non pas entravées par des problèmes d'infrastructures et de logistique. C'est particulièrement vrai dans les zones rurales où, souvent, faute de rentabilité satisfaisante, l'État se désengage de l'organisation des transports collectifs, notamment ferroviaires. On estime que 12 millions de Françaises et de Français sont aujourd'hui « en mal de mobilité ». En raison de fragilités économiques ou physiologiques, ou à cause d'un relatif éloignement géographique, 12 millions de personnes sont ainsi plus ou moins exclues des services essentiels du quotidien : emploi, commerces, loisirs, services de santé, administrations publiques…

Il est vital de rompre cette spirale, qui engendre isolement relationnel et précarité économique. De nombreuses initiatives sont possibles, en tirant notamment parti de l'évolution des contextes réglementaires. Depuis décembre 2020, le transport ferroviaire est ouvert à la concurrence. Pourquoi ne pas en profiter pour réinvestir le secteur de projets portés par l'intérêt commun, plutôt que de regarder passivement des investisseurs privés rivaliser pour des parts de marché ? C'est la question que se sont posée des citoyennes et des citoyens engagés, à l'origine de la fondation de Railcoop, une SCIC (société coopérative d'intérêt collectif) créée fin 2019 et dont l'objectif est justement de faire rouler des trains sur des lignes jugées non rentables et dont la suppression a accéléré la désertification des campagnes.

Railcoop ambitionne dès 2022 de faire rouler des trains de marchandises et de rétablir la ligne Bordeaux-Lyon, supprimée par la SNCF en 2014.

La récente parution de la loi LOM (loi d'orientation des mobilités) et du décret sur les transports d'utilité sociale dessine également de nouvelles opportunités. En effet, désormais, les associations peuvent organiser dans un cadre structuré avec les collectivités locales des moyens de transport au bénéfice de personnes qui, pour des raisons financières ou géographiques, ont des possibilités de déplacement limitées. En septembre 2020, la Fondation Macif a ainsi lancé une nouvelle initiative en partenariat avec la Croix-Rouge Mobilités. Le but est justement de répondre aux besoins en mobilité dans des territoires où les transports en commun sont insuffisamment développés. Le partenariat met ainsi des véhicules de la Croix-Rouge faiblement utilisés à disposition de personnes modestes non véhiculées ou dont le véhicule est hors d'usage. Il organise aussi du covoiturage sur des trajets locaux, avec le personnel et les véhicules de la Croix-Rouge. Le partenariat a vocation à grandir et, d'ici à la fin 2022, il devrait couvrir 30 à 50 % du territoire français.

Mais nous souhaitons aller plus loin dans notre engagement car nous sommes convaincus qu'une mobilité solidaire et durable est un levier essentiel de désenclavement des territoires. C'est pour cette raison que notre Fondation a décidé de réorienter une bonne partie de ses activités vers ce secteur pour une durée de deux ans et de dédier 50 % de ses subventions aux projets de mobilité solidaire. Nous espérons que cette stratégie permettra de faire émerger de nombreux projets originaux. Concrètement, quel rôle joue ici la Fondation Macif ? Il ne s'agit pas seulement d'un soutien financier, même si cet aspect reste déterminant pour mettre un projet sur les rails. Il s'agit aussi d'accompagner les porteurs de projets, de leur proposer une expertise technique et un soutien sur le terrain grâce à notre réseau, puis de favoriser l'essaimage des initiatives les plus fructueuses. À titre d'exemple d'initiatives qui se sont révélées particulièrement concluantes : la mise en place, à partir de 2010, du premier réseau d'auto-stop sécurisé et sans rendez-vous, Rézo Pouce, porté par les collectivités locales. Né à Moissac, dans le Tarn-et-Garonne, le dispositif s'est vite répandu dans d'autres régions et est aujourd'hui soutenu par 1 300 communes[1]. Proposant une application pour téléphone mobile, il dépoussière la bonne vieille pratique de l'auto-stop. Ce dispositif sécurisé est particulièrement adapté à l'environnement rural et périurbain, pour des trajets de courte et moyenne distance. Et non seulement c'est un vecteur d'entraide au quotidien pour de nombreuses personnes, souvent des jeunes sans voiture et des personnes sans

1. Chiffre de 2017.

grandes ressources, non seulement le dispositif est écologique dans la mesure où il permet de diviser le coût énergétique des transports, mais il a aussi un mérite particulier, celui de réinstaurer une forme de confiance dans les relations humaines, dans une société où l'autre est parfois perçu comme une nuisance ou une menace potentielle.

Le mutualisme à l'échelle des territoires

Si l'économie sociale et solidaire est par définition ancrée dans le local, le mutualisme est, en particulier, du fait de son histoire, indissolublement lié aux territoires. Le modèle mutualiste a été conçu au milieu du XIXe siècle comme une réponse aux phénomènes de déliaison qui déchiraient alors la société. Il s'agissait de suppléer aux solidarités villageoises mises à mal par l'industrialisation et de soutenir les artisans et les ouvriers, qui, depuis la loi Le Chapelier (1791), ne pouvaient plus s'organiser en corporations. Les sociétés de secours mutuel puis les mutuelles s'organisent alors au niveau communal. Les mutuelles se fédèrent ensuite au niveau national au tournant du XXe siècle (à travers la Charte de la mutualité en 1898 et la création de la Fédération nationale de la Mutualité française en 1902), tout en conservant leur implantation locale. Cet héritage perdure et fait la force et l'originalité de notre modèle. Accompagner les sociétaires, c'est être, littéralement, à leurs côtés pour les conseiller et leur offrir des services de proximité. L'aventure de la Macif, qui débute à Niort, dans les Deux-Sèvres, avec le soutien de ses consœurs mutualistes la Maif et la Maaf (qui s'appelait encore la Maaaf), s'inscrit tout entière dans la France des territoires.

À partir des années 1980, la Macif a engagé un processus de régionalisation pour renforcer sa présence dans les régions et mettre en place un système de représentation et de gouvernance plus proche du terrain et plus démocratique. Ce système repose sur l'élection de 1 390 délégués, sociétaires bénévoles, directement élus par l'ensemble des sociétaires et adhérents : des « délégués de proximité », présents dans tous les départements, engagés dans des causes qui leur tiennent à cœur et qui s'inscrivent dans des programmes d'actions mutualistes. Il s'agit principalement d'initiatives concernant notre cœur de métier : la mobilité, l'habitat, la santé et la gestion du budget. Les délégués nationaux siègent à l'assemblée générale de la Macif et animent l'action des délégués de proximité en participant à leurs côtés aux programmes d'actions mutualistes sur les territoires – réunions d'information et ateliers de sensibilisation. Côté Aésio, c'est le même principe de représentation qui prévaut, la même volonté d'incarner le mutualisme au plus près du terrain, grâce à l'investissement des 432 délégués, répartis sur huit régions « politiques », qui s'engagent pour défendre un système de santé durable et équitable et présentent les projets de plus de 600 partenaires sur l'ensemble du territoire.

Les délégués jouent un rôle essentiel. Ils relayent les attentes et les demandes des sociétaires, ils prennent le pouls de la population dans tout le territoire, ils établissent et entretiennent un contact avec les salariés et les sociétaires, ainsi qu'avec les acteurs locaux de l'ESS, notamment les associations. Et ils organisent des événements et des rencontres tout au long de l'année : dépistages auditifs et visuels, ciné-débats sur la violence routière, ateliers sur la pollution intérieure ou sur le risque incendie, initiation aux gestes qui sauvent, formation pour mieux gérer son budget, conseils de nutrition préventive… Au total, en conjuguant les initiatives Macif et Aésio, ce sont plus de 3 000 actions mutualistes qui sont menées chaque année sur tout le territoire et qui transmettent à près de 150 000 personnes un peu plus d'autonomie et de pouvoir d'agir.

« Diffuser » est un terme évocateur. Il suggère une forme d'horizontalité, d'influence douce et en même temps étendue, susceptible d'atteindre des publics ou des lieux isolés. C'est le terme que nous avons retenu pour baptiser la plateforme de défis solidaires que nous avons lancée il y a quelques années. C'était pour nous une manière de mettre le numérique et les réseaux sociaux au service des urgences sociales et écologiques. Une manière aussi de proposer un outil qui corresponde à nos modes de vie et à nos possibilités d'engagement – souvent segmentés, limités dans le temps, rétifs à s'inscrire dans des structures rigides ou paternalistes. La plateforme, très facile à utiliser, permet à des citoyennes et à des citoyens de passer à l'action et de s'engager, près de chez eux, pour une durée brève, une heure, une journée, afin de relever un défi solidaire lancé par une association. C'est pour beaucoup l'occasion de découvrir le tissu associatif local et de contribuer à la création de richesse partagée, à travers une foule de défis ciblés et concrets : distribution de repas à des sans-abri, collecte de déchets, course sportive solidaire, animation d'activités pour des enfants en difficulté ou des personnes âgées isolées… Près de 1 300 associations sont partenaires de la plateforme et près de 40 000 personnes se sont déjà engagées dans des actions solidaires de proximité. Voilà pour nous l'un des visages du mutualisme, tel que nous tentons de l'incarner : une manière d'être disponible sur le terrain, au plus près des gens ; des actions ciblées et efficaces plutôt que des promesses grandiloquentes ; une réactivité et un dynamisme qui tirent parti des nouvelles technologies ; un esprit d'entraide qui implique toutes les générations.

* * *

J'évoquais au début de ce chapitre le mouvement des Gilets jaunes et tentais d'avancer quelques éléments de compréhension. Quel était, au fond, le dénominateur commun de toutes les revendications ? Une demande de démocratie locale, une demande d'écoute, de reconnaissance, de prise en compte des besoins du quotidien ; un rejet de politiques imposées de manière trop verticale et de formes de représentation qui semblent confisquer la parole des gens ; la volonté de résister au déclin ; la nécessité de penser une république de services et de protection[1]. Ces demandes et ces inquiétudes dessinent une France fracturée, une France coupée en deux, une France des métropoles d'un côté et une France des territoires de l'autre.

Même si cette opposition manque de nuances et cache de nombreuses disparités, même si elle doit sûrement à l'imaginaire social et politique de notre pays hypercentralisé, il est frappant de constater que le même type de fracture périphérie/centre se retrouve dans d'autres grandes démocraties et se lit notamment dans les cartes électorales. L'Amérique de Trump, celle qui l'a élu président en 2016 et celle qui a voté à nouveau pour lui en 2020, une Amérique réceptive à la rhétorique populiste, sensible au discours anti-élite et anti-mondialisation, est bien l'Amérique rurale, périphérique et pavillonnaire, tandis que les grandes villes ont voté massivement à chaque fois pour les candidats démocrates. Ces cartes électorales qui font flirter nos démocraties

1. Jean Viard, *L'Implosion démocratique, op. cit.*, p. 213.

avec un populisme dont personne ne sort gagnant rappellent qu'une démocratie ne peut fonctionner correctement sans territoires vivants, représentés politiquement et actifs économiquement.

* * * * * *

Chapitre 6

Souffrance privée, santé publique

La santé, un bien commun non négociable

« Démocratie sanitaire », « gradient social de santé », « santé environnementale »... Depuis plusieurs mois, les discussions s'animent dans les médias, dans les hôpitaux, dans les commissions parlementaires autour de ces grandes thématiques sur lesquelles la pandémie a jeté une lumière d'une intensité inédite. Pour les spécialistes de la santé, ces thématiques ne sont pas nouvelles. Pour le grand public, en revanche, la crise sanitaire a joué un rôle de révélateur et provoqué une prise de conscience en accéléré des enjeux multiformes que recouvre la santé. Si la maladie est une épreuve individuelle et familiale, la santé est bel et bien un enjeu de société et un enjeu de démocratie. « La souffrance est privée, mais la santé est publique », disait le philosophe Paul Ricœur. La pandémie l'a démontré doublement : d'une part, par sa dimension virale, elle a mis en évidence notre vulnérabilité commune et la nécessité d'être solidaires pour se protéger du virus – plus que jamais, la santé de chacun est l'affaire de tous ; d'autre part, la pandémie a rappelé de manière spectaculaire que la santé des citoyens est la condition sine qua non d'un pays qui fonctionne, d'une économie qui tourne, d'un système scolaire efficient, d'une vie sociale et culturelle un tant soit peu animée, d'une démocratie où les libertés fondamentales ne sont pas restreintes en permanence par des protocoles sanitaires. La santé est un bien commun et c'est pourquoi elle doit être au cœur des politiques publiques et soustraite à toute marchandisation. C'est un droit fondamental, que consacre d'ailleurs l'article 25 de la Déclaration universelle des droits humains de 1948 : « Toute personne a droit à un niveau de vie suffisant pour assurer sa santé, son bien-être et ceux de sa famille. »

Un des aspects les plus marquants de cette crise est l'effet amplificateur des inégalités sociales. L'article de la Déclaration universelle suggère bien dans son libellé ce lien indissociable : pas de bon état de santé sans des ressources suffisantes. On le sait, le virus a touché et continue de toucher plus durement les personnes défavorisées – en France et partout dans le monde. Si c'est moralement choquant, ce n'est malheureusement guère surprenant. Certes, de grands progrès ont été accomplis en deux ou trois générations en matière de santé et d'espérance de vie, mais il est statistiquement établi que ces progrès ne profitent pas à tout le monde de manière équitable.

Un chiffre éloquent : aujourd'hui, à 35 ans, un ouvrier a une espérance de vie inférieure de six à sept ans à celle d'un cadre ou d'un professionnel libéral. L'un des outils utilisés par les statisticiens est le « gradient social de santé », qui fait le lien entre l'état de santé d'une personne et son positionnement dans l'échelle sociale. Les épidémiologistes ont pu établir que des écarts existaient entre tous les échelons : les taux de mortalité et de morbidité diminuent progressivement au fur et à mesure que l'on progresse dans la hiérarchie[1]. Toute une série de facteurs connus et identifiés expliquent ces écarts, qui ont joué à plein durant ces longs mois de pandémie. Les personnes socialement défavorisées sont davantage vulnérables aux maladies du fait de leurs conditions de vie : des logements plus exigus et surpeuplés dans des communes de forte densité, des déséquilibres nutritionnels, des métiers plus pénibles. Ces personnes ont également davantage tendance à renoncer aux soins. Tous ces éléments défavorables induisent notamment de l'obésité, du diabète, de l'hypertension… autant de comorbidités qui aggravent dramatiquement la nocivité du coronavirus. Plus exposées à la maladie, les personnes défavorisées souffrent également davantage de ses effets – selon la logique tristement cumulative des injustices sociales.

1. Voir par exemple *La Santé de l'homme*, n° 397, septembre-octobre 2008, p. 17, accessible en ligne.

Une enquête menée par l'Inserm[1] après la première vague de l'épidémie en avril-mai 2020 révèle par exemple que les effets du confinement ont davantage profité aux classes sociales favorisées qu'aux classes populaires et ont accentué le gradient social de santé : les personnes des classes populaires occupent en effet des emplois où le télétravail est moins facilement applicable ; elles ont donc été davantage exposées aux risques de contamination. Elles sont également davantage touchées par les mesures de chômage partiel et de chômage technique, et se retrouvent ainsi doublement victimes de la crise.

Assurer la protection, renforcer l'autonomie

Que peut faire une mutuelle de santé face à une telle situation ? Continuer à faire ce qu'elle sait faire de mieux : promouvoir la solidarité collective, apporter une aide ciblée, soutenir les associations caritatives, les fondations d'utilité publique, le personnel soignant, poursuivre son travail de prévention, proposer des services de prévoyance adéquats, renforcer l'accessibilité aux soins – en somme, renforcer l'autonomie de chacun en protégeant les parcours de vie et en aidant à réparer les vies abîmées.

1. « Premiers résultats des enquêtes de santé publique de l'Inserm sur la Covid-19 : facteurs de risque individuels et sociaux », Presse.inserm.fr, 9 octobre 2020.

Autonomie et protection, protection et autonomie : toujours le même couple, et toujours les deux mêmes notions indissolublement liées. Deux exigences de nos vies modernes et démocratiques, deux attentes fortes autour desquelles doit s'organiser la solidarité. Cette crise n'a fait que confirmer, mince consolation, le bien-fondé de notre raison d'être : protéger le présent et permettre l'avenir.

Concrètement, pour parer à l'urgence, nous sommes intervenus sur différents fronts. Celui du monde associatif, dramatiquement affecté par la crise et devant faire face simultanément à une baisse importante du nombre de bénévoles et des dons et à une augmentation exponentielle des besoins. Nous avons renforcé notre soutien à nos partenaires historiques, comme les Restos du cœur, le Samu social de Paris et le Secours populaire. Nous avons apporté une aide d'urgence à de nombreuses structures associatives disséminées sur tout le territoire, essentiellement dédiées à l'aide alimentaire, aux soins et au soutien psychologique de personnes isolées, à l'aide aux enfants en situation précaire à travers la fourniture de ressources ludiques et pédagogiques... Nous avons également apporté une aide spécifique aux soignants, en première ligne face à l'épidémie, à travers une dotation à la Fondation de l'Assistance Publique-Hôpitaux de Paris. Nous avons mis en place un dispositif pour soutenir les aides à domicile, cruciales pour maintenir le lien social avec les personnes âgées. Nous avons contribué au fonds de solidarité mis en place par les pouvoirs publics pour venir en aide aux petites entreprises et aux professionnels indépendants touchés de plein fouet par la crise. Pour soutenir nos sociétaires et nos adhérents en difficulté, nous avons activé différents dispositifs d'aménagement des paiements et de prise en charge de cotisations, et mis en place une cellule spécifique « Solidarité Covid ». Bref, des moyens importants ont été mis en œuvre et des fonds exceptionnels débloqués pour contribuer à l'effort de solidarité nationale et tenter d'atténuer les effets socialement délétères de la crise sanitaire.

Sur le moyen et long terme, nous nous employons à développer des politiques de prévoyance et de prévention qui soient adaptées à la grande variété des parcours de vie individuels. Cette crise d'une ampleur inédite nous obligera certainement à trouver des réponses encore plus adaptées et à anticiper encore mieux les besoins. C'est en tout cas un domaine où nous sommes légitimement attendus par les Françaises et les Français qui perçoivent les mutuelles d'assurance avant tout à travers leur rôle de complémentaires santé. Ce rôle n'est qu'un rôle parmi d'autres, mais si le grand public nous identifie spontanément à ce secteur d'activités spécifique, c'est qu'il est essentiel pour eux et que, de fait, les mutuelles se sont révélées, au cours des décennies, des partenaires de vie sur lesquels ils pouvaient compter. Après tout, rien n'était acquis lorsque, en 1945, l'État a créé la Sécurité sociale et a proposé aux mutuelles un partage des tâches pour la prise en charge des soins de santé. Aujourd'hui, 40 millions de Françaises et de Français souscrivent à une mutuelle et ne sauraient s'en passer. Ce système de santé, fondé sur la redistribution et la solidarité collective, fait partie du socle de notre société. Les personnes y sont profondément attachées, comme elles sont attachées à une éducation gratuite et universelle – l'éducation garantissant, en quelque sorte, la santé de l'esprit. Il serait dramatique que ces biens communs, ces biens premiers deviennent des produits de luxe exclusivement réservés aux plus favorisés. Grâce aux mutuelles, des soins essentiels pour le bien-être et l'intégrité de chacune et chacun sont pris en charge, qui sinon seraient très onéreux – par exemple les soins dentaires, les soins d'optique, les soins auditifs, des soins auxquels les personnes en situation précaire ont justement tendance à renoncer. En cas d'hospitalisation, le reste à charge, souvent très élevé, ne pourrait être acquitté par la plupart des familles sans le soutien des mutuelles. Enfin, les contrats de prévoyance permettent d'anticiper les accidents de la vie, qui malheureusement sont nombreux et représentent la troisième cause d'invalidité et de mortalité en France : chaque année, ces accidents touchent 11 millions de personnes. Bref, notre rôle, dans toutes ces situations, est de protéger, d'accompagner, de restaurer de la certitude dans les moments d'incertitude, d'insuffler de la confiance dans les moments de doute, de permettre à chaque personne, quelle que soit sa situation sociale et professionnelle, quel que soit son âge, de poursuivre une existence digne et autonome.

Répondre aux innombrables besoins particuliers, apporter une aide circonstanciée à tout moment et en tout lieu, anticiper les mutations démographiques et sociales constituent toutefois des défis immenses qui exigent de la part des mutuelles à la fois robustesse et agilité. La fusion entre Macif et Aésio est née, entre autres, de cette exigence et de cette nécessité. Dédiée à la protection des personnes, Aésio possède une expérience et une expertise très solides dans le champ de la santé, du mieux-vivre, du lien intergénérationnel également. Notre fusion multiplie nos possibilités d'action et les perspectives de synergie au sein des territoires. Cette force nouvelle au service de la santé des personnes vient pour nous tous, je crois, au moment le plus opportun.

Prévention est mère de sûreté

Protéger quelqu'un, c'est lui donner les moyens de se protéger lui-même. C'est ici qu'entre en jeu la prévention, essentielle pour assurer un bon état de santé. C'est aussi un levier décisif pour limiter les effets des inégalités sociales. Un enfant d'ouvriers a aujourd'hui quatre fois plus de risques d'être obèse qu'un enfant de cadres. Miser sur la prévention est la première étape pour tenter d'enrayer ce déterminisme.

En quoi, concrètement, consiste la prévention en matière de santé ? « Que ton alimentation soit ta première médecine », disait Hippocrate cinq siècles avant notre ère. En effet, une alimentation saine et équilibrée, dès les premières années, détermine en grande partie la santé de l'adulte. Elle aide notamment à lutter contre l'obésité, fléau des pays dits riches, et qui, comme un triste paradoxe, touche majoritairement les milieux les plus pauvres. En France, 17 % des 6-17 ans sont en surpoids. Le sport, une activité physique régulière sont évidemment le complément indispensable à une bonne hygiène de vie. Ces habitudes, il faut les transmettre dès le plus jeune âge. Collectivement, si possible, afin que les règles soient assimilées dans une forme d'adhésion évidente et enthousiaste. Le programme « Vivons en forme » est, en la matière, exemplaire. Impliquant plus de 3 000 acteurs et 250 villes partenaires, il a permis jusqu'à présent de sensibiliser près de 190 000 enfants, notamment issus de quartiers populaires, aux bienfaits du sport et d'une nourriture équilibrée, et contribue à remplacer la pernicieuse addiction de la *junk food* par le plaisir de bien manger.

L'importance des toutes premières années pour le développement futur d'une personne n'est plus à démontrer. Ces années décisives sont même devenues une cause mondiale, portée notamment par l'Unicef. L'agence onusienne dédiée à la cause des enfants a lancé il y a quelques années le concept des « 1 000 premiers jours », qui renvoient à la période allant de la conception d'un enfant jusqu'à ses deux ans. Le programme « Vivons en forme » a étendu le concept aux 2 000 premiers jours, c'est-à-dire jusqu'aux 5 ans de l'enfant et organise, dans une perspective de prévention de proximité, des campagnes de sensibilisation à destination des familles, des éducateurs, des acteurs sociaux et des acteurs médicaux. Voilà le genre d'initiative d'utilité publique qu'il faut faire essaimer.

La prévention santé, cela ne concerne pas seulement la nutrition et l'activité physique, cela englobe une foule de thématiques : lutte contre le stress, lutte contre la fatigue au travail, sensibilisation aux dangers de l'alcool, prévention du cancer, informations sur la contraception, les infections sexuellement transmissibles, la vaccination, les médecines douces et alternatives, les bons réflexes à avoir en cas d'urgence… La liste est longue des thématiques sur lesquelles notre Groupe s'engage, à travers différents types d'initiatives et d'activités : ateliers, conseils, soutien à des programmes et à des associations.

Un mot apparaît souvent, lorsque l'on parle de santé ou de prévention santé, accolé justement au mot « santé » : c'est le mot « bien-être ». Un mot anodin, qui pourrait suggérer une forme de détente un peu futile : on imagine volontiers une publicité pour un centre de thalasso à destination de CSP+ ou ++, vantant l'état de « bien-être » que procurent les bains à bulles et les séances de massage de tel établissement. Or, le bien-être, c'est cela, mais c'est aussi beaucoup plus. C'est une manière de qualifier l'état durable d'un corps et d'un esprit en bonne santé. Dans sa constitution fondatrice, en 1946, l'Organisation mondiale de la santé (OMS) établit clairement l'équivalence : « La santé est un état de complet bien-être physique, mental et social, et ne consiste pas seulement en une absence de maladie ou d'infirmité. » Le bien-être renvoie à l'intégrité physique et morale à laquelle tout être humain a droit. Aésio a intégré cette dimension dans son slogan : « Décidons ensemble de vivre mieux ». Vivre mieux, c'est-à-dire justement atteindre cet état de bien-être, d'intégrité physique et psychique grâce à une prise en compte collective des besoins de chaque catégorie de population. Vivre mieux, c'est postuler qu'un progrès est possible, que la vie se vit certes au présent, mais est toujours en même temps tournée vers l'avenir, et que nous devons anticiper les meilleures conditions d'existence possibles pour demain. Cela signifie encore qu'une approche exclusivement curative de la santé est insuffisante et qu'il est nécessaire de travailler simultanément sur quatre fronts, dans une démarche de sollicitude et de prévenance : pour une meilleure prévention, pour une plus grande accessibilité aux soins, pour une compréhension élargie du « soin de la personne » qui ne se réduise pas aux soins médicaux et, enfin, pour une société plus inclusive, notamment en matière de prise en compte du handicap et d'intégration de nos aînés[1].

Perte d'autonomie et dépendance

Ce bien-être, l'être humain y a droit à tout âge, et bien sûr à un âge avancé. On le sait, la « séniorisation » de notre société est l'un des grands défis sociaux et sociétaux des années à venir. C'est un phénomène irréversible qui donne un nouveau visage aux populations de nombreux pays occidentaux. Un visage avec quelques rides en plus, mais exprimant aussi la promesse de nouvelles possibilités de vie. Depuis les années 1950, l'espérance de vie à la naissance s'est allongée d'au moins quinze ans. En quelques décennies, nous sommes passés d'une société où se côtoyaient trois générations à une société où cohabitent désormais quatre générations différentes. Selon des projections de l'Insee, en 2070, l'espérance de vie à la naissance pourrait atteindre 93 ans pour les femmes et 90 ans pour les hommes. Cette augmentation de l'espérance de vie est en soi une bonne nouvelle. Mais elle soulève aussi de

1. Voir l'entretien croisé entre Patrick Brothier, président de l'UMG Aésio Macif, et Jean-Hervé Lorenzi, directeur de la chaire « Transitions démographiques, transitions économiques », « Longévité : rendre possible l'espérance individuelle », *Les Carnets Aésio : réussir la société de la longévité*, 2019, p. 6 (accessible en ligne).

nombreuses questions, notamment en matière de santé, d'autonomie et de dépendance.

Les seniors ont payé un très lourd tribut à la pandémie de coronavirus. 78 % des victimes du virus en France en 2020 avaient 75 ans et plus[1]. C'est certainement, à côté de l'effet aggravant des inégalités sociales, l'un des aspects les plus choquants de cette crise sanitaire : constater, avec une certaine impuissance, la vulnérabilité des personnes âgées – vulnérabilité souvent renforcée par leur isolement, chez eux ou en établissements spécialisés, et leur manque de liens sociaux et affectifs. Cette vulnérabilité prend souvent la forme d'une perte d'autonomie qui rend les personnes partiellement ou totalement dépendantes d'une aide extérieure. Cette perte d'autonomie peut bien sûr survenir à n'importe quel âge de la vie, à la suite d'une maladie, un accident, un handicap. Mais il est vrai qu'elle est en particulier liée au vieillissement et à l'affaiblissement de certaines fonctions motrices et mentales. Elle se traduit par des difficultés pour exécuter au quotidien des tâches à la fois élémentaires et vitales : se déplacer, se laver, se nourrir. En principe, depuis l'adoption en 1987 de la Charte des droits et des libertés de la personne âgée dépendante, les personnes concernées peuvent choisir librement leur lieu de vie

1. « Distribution des personnes décédées du coronavirus (Covid-19) en France du 1er mars 2020 au 1er juillet 2021, selon la tranche d'âge », Statista.com, juillet 2021.

et bénéficier d'un accès aux soins et d'un accompagnement pour réaliser les actes du quotidien. Légitimement, de nombreuses personnes âgées préfèrent rester aussi longtemps que possible dans leur environnement familier et retarder au maximum leur entrée en maison de retraite ou en Ehpad. Le maintien à domicile des personnes âgées, dont la proportion ne cesse d'augmenter au sein de la population, est devenu un véritable enjeu de société, et avec lui se pose la question tout aussi cruciale des aidants. À côté des auxiliaires de vie et des aides à domicile qui interviennent à titre professionnel, les aidants désignent les personnes qui consacrent une partie de leur temps à s'occuper d'un de leurs proches en situation de dépendance du fait de l'âge, d'une maladie ou d'un handicap.

On estime que ces « proches aidants » représentent aujourd'hui 11 millions de personnes en France, soit près d'un Français sur cinq. Selon les projections, le nombre de personnes en perte d'autonomie pourrait augmenter de plus de 50 % d'ici à 2040. La Macif comme Aésio ont pris la mesure de cet enjeu et, depuis plus de quinze ans, s'engage auprès des familles pour les soutenir dans l'accompagnement de leurs proches. À travers le programme « Aidants&aidés », nous militons pour que les droits des aidants soient davantage reconnus et que les pouvoirs publics se mobilisent à la hauteur des enjeux. Via notre site Aveclesaidants.fr, lancé en 2007, nous apportons expertise et conseils aux familles concernées. En 2020, nous avons créé l'Observatoire des aidants, une structure de veille unique en France, qui vise à collecter témoignages, enquêtes et paroles d'experts pour faire avancer cette grande cause des aidants et de la dépendance. L'accompagnement des personnes frappées de la maladie d'Alzheimer est une question particulièrement délicate : la tâche est physiquement épuisante, moralement éprouvante. Il est essentiel de rompre la solitude dans laquelle les aidants se retrouvent très souvent prisonniers. Depuis plus de dix ans, Aésio est engagée aux côtés de l'association France Alzheimer afin d'apporter ce soutien aux aidants non professionnels, la plupart du temps le ou la conjointe du malade ou l'un de ses enfants. Depuis 2009, 4 000 formations ont été dispensées gratuitement auprès de plus de 40 000 aidants, sur tout le territoire, y compris dans les zones rurales. La facilité d'accès à ces formations est un aspect primordial pour les aidants familiaux qui ne peuvent justement s'éloigner de leur domicile. C'est là que le maillage mutualiste peut déployer tout son potentiel.

On le voit, bien loin d'être un « créneau » ou une « niche » grâce auxquels nous pourrions opportunément nous positionner, cette grande cause nationale des aidants résonne intimement avec la mission mutualiste : il s'agit, encore et toujours, de trouver des solutions pour faciliter la vie des gens, les accompagner, ne pas les laisser seuls face aux difficultés ; il s'agit aussi d'être en phase avec les évolutions de la société et même de les anticiper. À ce titre, la question du handicap, et plus généralement de l'inclusion, est bien l'une de nos priorités. L'inclusion semble un mot à la mode – il l'est, sans doute. Mais il renvoie plus profondément, je crois, à une conscience démocratique plus fine, à une plus grande maturité de notre société qui ne voit plus dans le handicap un manque, une soustraction, une humanité diminuée, mais une expérience de vie différente, tout aussi riche, intense et digne que n'importe quelle autre.

Le bonheur de vieillir

Parlant d'inclusion et pour revenir aux seniors, la question si importante de la dépendance des personnes âgées interroge plus généralement sur leur place et leur rôle au sein de la société. La journaliste Laure Adler, jeune septuagénaire, a publié en 2020 un essai revigorant sur son expérience de la vieillesse et le sentiment de relative exclusion qu'elle provoque[1]. Elle fait le constat, après bien d'autres, que notre société reste très sensible aux sirènes du jeunisme. Sûrement le signe d'une société qui survalorise la performance et la confond avec la vigueur physique. D'une société également tournée vers l'individu et l'accomplissement matériel de soi. D'une société enfin où la réussite se mesure en agendas

1. Laure Adler, *La Voyageuse de nuit*, Paris, Grasset, 2020.

surchargés et en empilement de réunions – en complet décalage avec le temps infini dont les anciens semblent disposer… La société se segmente en fonction de la supposée utilité sociale de chacun et la parole de nos aînés ne nous parvient plus. « On est passé d'une société de la transmission à une société de consommation […], explique Laure Adler. Les vieux sont considérés comme n'ayant plus rien à communiquer aux jeunes générations. D'où ce sentiment qu'ils sont "périssables", désemployés d'eux-mêmes, réduits non à ce qu'ils sont, ni même à ce qu'ils étaient, mais à une seule et même catégorie : la classe d'âge[1]. »

Pourtant, il paraît bien peu avisé de mettre ainsi en marge de la société 13,4 millions de personnes, soit 20 % de la population française[2] ! Les théoriciens de la *silver economy* ont attiré l'attention depuis plusieurs années sur le formidable potentiel économique que représentent ces millions de personnes disposant de temps et pour certains de moyens, portées vers la culture, le tourisme et les soins individualisés. Mais ce n'est pas ce potentiel que je veux ici souligner car ce serait rester prisonnier de l'approche utilitariste dénoncée à juste titre par Laure Adler. Les acteurs de l'économie sociale et solidaire savent mieux que quiconque que les seniors représentent une richesse humaine inestimable. Ils

1. *Ibid.*, p. 41.
2. Chiffres comptabilisant les personnes de 65 ans et plus au 1er janvier 2019 (Insee.fr).

forment le gros des bataillons des bénévoles, avec les jeunes, qui ont eux aussi du temps et de l'enthousiasme à revendre. Ils sont dégagés des contraintes professionnelles, ne sont plus stressés par la course à la reconnaissance sociale. Ils apportent leur expérience des relations humaines, leur culture générale, leurs compétences acquises dans leur métier et dans leur vie privée. Ils apportent aussi leur connaissance d'un lieu, d'un territoire, de ses traditions, de son environnement. Ils savent les besoins de leur génération, mais aussi ceux de leurs enfants et de leurs petits-enfants. Ils apportent enfin, disons-le de manière un peu désuète, une forme de sagesse, en tout cas une façon de faire la part entre l'essentiel et le superflu. Et ce recul a des effets profondément bénéfiques et apaisants.

Dans son ouvrage *Homo economicus*, l'économiste Daniel Cohen évoque le rapport entre l'âge d'une personne et le bonheur qu'elle éprouve, et il s'amuse d'un apparent paradoxe. Ce rapport, d'après les enquêtes menées, ressemble à une courbe en U : à 18 ans, on a la vie devant soi, on éprouve encore une forme d'insouciance et on piaffe d'impatience de démarrer dans la vie. Les choses se corsent à partir de 25-30 ans, le sentiment de bonheur ne cesse de décliner ensuite pendant les années de maturité, avant de repartir à la hausse à partir de… 70 et même 80 ans ! Peu importe la déchéance physique (on exclut ici bien sûr les maladies et les invalidités graves) et la proximité de la mort, les personnes âgées retrouvent la faculté de jouir du quotidien et des choses essentielles, délestées qu'elles sont du stress des obligations sociales et de la réussite matérielle. « La vieillesse libère d'un poids, explique Daniel Cohen, celui d'accumuler des biens inutiles, pour redonner leur place aux biens intrinsèques[1]. »

Bref, loin d'être une charge pour la société, les seniors peuvent au contraire rendre notre vie collective plus légère. Bien consciente de ces opportunités et de la nécessité de prendre soin du lien intergénérationnel, Aésio s'est particulièrement engagée dans le domaine de la « longévité en bonne santé ». Elle soutient notamment dix projets phares qui visent à sécuriser les parcours de vie de nos aînés, à faciliter leur vie au quotidien, à répondre à leurs besoins en matière de soins et à encourager leur pleine participation à la vie sociale. Ces projets, réunis sous le nom des « Carnets de la longévité », ont vocation à être dupliqués un peu partout en France. Autour de ces projets gravitent quantité de talents et de compétences : acteurs du secteur médical (praticiens et chercheurs), du secteur associatif, des collectivités locales, du monde de l'entreprise… tous concernés par la prise en charge des plus âgés. Un exemple ? La « Cité des aînés », habitat unique en son genre, adapté à chaque résident, utilisant des technologies les plus modernes pour personnaliser les soins, modulant les services et les possibilités d'activités, et surtout ouvert sur la ville, encourageant les rencontres

1. Daniel Cohen, *Homo economicus*, *op. cit.*, p. 27.

avec l'extérieur autour de jardins potagers, dans des salles de restauration ou sur des terrains de pétanque… Bref, un concept innovant réalisé grâce aux forces vives d'un même territoire : en l'occurrence, la première Cité des aînés a ouvert à Saint-Étienne en septembre 2019 et a sollicité entre autres les urbanistes, les architectes et les ingénieurs de la région. Les étudiants de l'École des Mines et de la Cité du Design de Saint-Étienne ont pu participer à l'aventure et contribuer de manière féconde au renforcement du lien intergénérationnel. On comprend au passage que ce fameux lien intergénérationnel ne se réduit pas à des échanges occasionnels et bienveillants entre des personnes dont les existences sont le reste du temps étanches (aussi importantes que soient ces rencontres) : il s'agit bien de faire sauter les cloisons, de vivre et de travailler ensemble, de coconstruire nos existences, de contribuer collectivement au bon fonctionnement de notre société, pour le bien-être de chacun. Entre-temps, des Cités des aînés ont d'ailleurs ouvert à Valence et Montpellier.

***

Dans son ouvrage *La France des territoires : défis et promesses*[1], l'économiste et sociologue Pierre Veltz estime qu'une bonne partie de notre économie est aujourd'hui « anthropocentrée ». Les Trente Glorieuses

1. Pierre Veltz, *La France des territoires*, *op. cit.*, 2019.

ont satisfait notre besoin d'objets de consommation et de confort matériel. L'époque est à présent aux besoins de l'individu : « La santé, et plus généralement le bien-être, l'alimentation considérée sous ce double aspect santé-bien être, le divertissement sous toutes ses formes, la mobilité, la sécurité et, *last but not least*, l'éducation[1]. » Cette évolution semble indissociable de la révolution technologique qui transforme quantité de domaines de notre vie quotidienne et qui tend de fait à individualiser les offres de services, y compris en matière de santé. Le développement de l'e-santé, avec la numérisation des données, la possibilité de téléconsultations, l'autonomisation de patients plus informés et habitués à utiliser les ressources informatiques dessinent la santé de demain.

Dans le même temps, et c'est sans aucun doute l'un des enseignements de la crise sanitaire, la santé est et doit rester un sujet d'intérêt général. C'est ensemble, collectivement, que nous pouvons identifier les besoins et trouver des solutions. Ces derniers mois, il a souvent été question, dans les discussions, dans les médias, de « démocratie en santé » et de « démocratie sanitaire ». C'est un domaine où de grandes avancées ont été faites depuis vingt ans. La crise, si forte dans son impact et si inattendue et brutale dans ses manifestations, semble se jouer de ce temps long de la consultation et de la délibération

1. *Ibid.*

collective. De nombreuses parties prenantes (associations, collectifs de médecins, de chercheurs, sociologues de la santé, Comité consultatif national d'éthique...) appellent néanmoins à reprendre ce dialogue collectif, en y intégrant le champ médical et médico-social, le champ de la prévention et celui de l'éducation à la santé, et en créant de nouvelles instances citoyennes et consultatives, au niveau local et au niveau national, qui accueillent la parole et les témoignages des patients. Selon ces acteurs, seule une démocratie sanitaire, capable de prendre en compte l'avis des citoyens et des patients-experts et d'organiser un dialogue fécond entre science et société, rendra la santé vraiment publique[1]. Perspective à laquelle une entreprise mutualiste ne peut que pleinement souscrire.

* * * * * *

1. Claire Legros, « Covid-19 : la démocratie en santé, victime oubliée », *Le Monde*, 25 septembre 2020.

Chapitre 7

Relever ensemble le défi de la précarité

Renouer le lien entre soi et les autres

« La première chose qu'ils font une fois qu'ils ont obtenu leur CDI, c'est aller chez le coiffeur », rapporte dans un entretien la réalisatrice Marie-Monique Robin. « Ils », ce sont les chômeurs et les chômeuses engagés dans l'expérimentation « Territoire zéro chômeur de longue durée », à Mauléon, dans les Deux-Sèvres. Pendant trois ans, de 2016 à 2019, la réalisatrice les a suivis, depuis le lancement du projet jusqu'à sa pérennisation. De ces nombreuses heures passées à leurs côtés, elle a fait un film, sorti en 2019, intitulé avec une pointe d'espièglerie *Nouvelle Cordée*. Elle a vu, au fil du temps et à mesure qu'elles se réinséraient dans la vie professionnelle, l'existence de ces personnes changer, leurs comportements se modifier : « Je les ai vues se redresser, prendre la parole, changer de tête », témoigne-t-elle. Ce geste anodin, aller chez le coiffeur, dès que l'avenir semble un minimum assuré, est un symbole touchant des motivations qui nous portent, de nos besoins à la fois simples et essentiels, de ce qui compte vraiment pour chacun d'entre nous : obtenir un peu de reconnaissance, retrouver du sens et de l'estime de soi. Vouloir se faire une nouvelle tête, c'est exprimer une renaissance intérieure, et renouer le lien entre soi et les autres. Retrouver du travail, c'est au sens propre pouvoir se regarder à nouveau dans la glace.

Les personnes en chômage de longue durée font toutes la même expérience : le coup du sort se teinte d'un sentiment de culpabilité, le sentiment de culpabilité se transforme en honte, et la honte mène au retrait, au repli. Pour beaucoup, sortir de chez soi, aller faire les courses est une véritable épreuve. L'expérimentation « Territoires zéro chômeur de longue durée » brise ce cercle vicieux et amorce une logique inverse. Marie-Monique Robin raconte que, parmi les habitants de Mauléon, le scepticisme suscité par le lancement de l'opération (« Ça ne marchera pas ! Encore de l'assistanat, des emplois subventionnés ! ») a peu à peu laissé la place à l'enthousiasme, comme elle a pu le constater lors d'une journée portes ouvertes qui présentait les activités de la nouvelle entreprise : « Pertinent ! Utile ! Convaincant ! » constituait désormais la teneur des jugements.

Cette expérimentation est un bel exemple, et un exemple probant, de ce que peut l'économie sociale et solidaire en matière de réinsertion et de lutte contre la précarité. L'idée a été lancée en 2015 par l'association ATD Quart Monde, en partenariat avec le Secours catholique, Emmaüs France, le Pacte civique et la Fédération des acteurs de la solidarité. Elle a été appuyée par des parlementaires, notamment Laurent Grandguillaume, qui préside aujourd'hui l'association porteuse du projet, et a donné lieu à une loi d'expérimentation adoptée en février 2016. Après une première phase où il s'appliquait à dix territoires de 4 000 à 10 000 habitants, ruraux et urbains, le programme « Territoire zéro chômeur de longue durée » a été reconduit et même étendu, à l'automne 2020, et il s'apprête à entrer dans une nouvelle phase, d'une durée de cinq ans, en entraînant 50 nouveaux territoires dans l'aventure.

Pour son financement, le dispositif repose sur le transfert des prestations sociales que représente le coût de chaque chômeur de longue durée pour l'État et les collectivités locales (estimé à 18 000 euros par personne et par an) vers la création d'un CDI sur la base du smic. C'est ainsi que sont créées des « entreprises à but d'emploi » (EBE), qui prennent la forme que les nouveaux salariés, recrutés sans sélection et sur la base du volontariat, vont, en fonction de leurs profils, leur donner. La philosophie qui sous-tend les EBE est en effet de faire correspondre des compétences et des besoins : compétences des personnes en reprise d'emploi, en prenant en compte leurs parcours de vie, leurs motivations, leur envie d'apprendre ; et besoins non satisfaits d'une commune, d'un territoire qu'il s'agit justement d'identifier collectivement. Ainsi, l'initiative permet de créer de l'activité, en partant des territoires, en adaptant les dispositifs aux personnes qui y vivent et aux besoins spécifiques qui s'y expriment. Les activités déployées doivent être utiles à la société, sans concurrencer le secteur privé. Souvent, ce sont dans les domaines de l'économie circulaire et de la transition écologique (maraîchage, recyclerie, ressourcerie) et des aides à la personne (transport, aide à domicile) que se développent des opportunités. Ce sont des domaines où les activités ne nécessitent pas toujours des emplois à temps plein : grâce à l'organisation particulière des EBE, il devient possible de mettre en œuvre de manière complémentaire et flexible les différentes tâches, ce qui serait probablement plus compliqué dans une entreprise classique.

La dynamique collective est l'une des spécificités de ce projet. C'est ensemble que les élus locaux, les habitants d'un territoire, les personnes en recherche d'emploi définissent un avenir possible. Rien d'imposé d'en haut, pas de bureaucratie anonyme et contraignante, mais une confiance placée dans les personnes qui connaissent leur environnement. Et, bien sûr, les EBE ne sont pas l'unique horizon des personnes qui y ont été embauchées : relancées dans la vie active, elles peuvent se voir offrir de nouvelles opportunités, comme le montrent les premiers retours d'expérience. À l'issue de la première phase d'expérimentation, c'est plus de 1 100 personnes qui étaient revenues à l'emploi : chiffre en appartenance modeste, mais en réalité significatif quand on le rapporte aux seuls dix territoires pilotes, de 4 000 à 10 000 habitants, engagés dans le projet.

L'effet démultiplicateur de la crise sanitaire

Je me suis arrêté un instant sur cette expérimentation pour plusieurs raisons. Elle est pleinement actuelle, elle a déjà récolté de beaux succès et porte encore de nombreuses promesses. En outre, elle part du terrain, cherche à répondre à des besoins identifiés au niveau local, contribue à renforcer la cohésion d'un territoire, prend acte avec pragmatisme de ce qui marche et de ce qui ne marche pas. Il y a là une grande parenté d'esprit avec le mutualisme : une fois posés les grands principes d'humanité, de solidarité, d'entraide, il faut mettre les mains dans la glaise sociale et trouver les solutions qui tirent de la difficulté des personnes bien réelles, avec un nom, un parcours, une sensibilité, un potentiel. Ces initiatives relèvent-elles d'une sorte de bricolage ? Sont-elles de simples rustines que l'on pose sur une réalité sociale défectueuse, comme on l'entend parfois dire avec un brin de scepticisme voire de condescendance à l'encontre des initiatives portées par l'ESS ? Sans doute la meilleure réponse est-elle donnée par les personnes directement concernées, chômeuses et chômeurs de longue durée qui, grâce à ces initiatives, retrouvent confiance et dignité. Leurs témoignages vont tous dans le même sens : leur vie se passe ici et maintenant, loin des grands discours et des grandes théories, et retrouver une activité, disposer d'un bulletin de salaire, restaurer l'estime de soi fait toute la différence, pour elles, pour leur famille, pour leurs enfants.

Il est d'autant plus urgent de jouer sur toutes les gammes de l'innovation sociale que les fractures sont profondes. Car la précarité n'est pas un phénomène de marge, elle ne touche pas des personnes déjà en rupture, socialement atypiques, prétendument inintégrables : le problème est massif, structurel et nous concerne tous. Si l'on prend comme critère le seuil de pauvreté tel que le définit l'Insee, c'est-à-dire un niveau de vie inférieur à 60 % du niveau de vie médian, c'est 14,8 % de la population française qui vit en dessous de ce seuil : soit près de 9,3 millions de personnes[1] ! C'est considérable ! À chaque fois, ce sont des existences particulières qui sont lourdement entravées, des familles, des enfants qui se voient privés des chances de mettre leur jeune vie sur de bons rails. La pauvreté ne touche pas seulement les personnes privées d'emploi : elle s'insinue dans de nombreuses composantes et classes d'âge. Quelques chiffres pour mieux se rendre compte de

1. « France, portrait social : édition 2020 », rapport annuel 2020, Insee.fr. Les chiffres renvoient à l'année 2018.

son impact sur toute la société : selon l'Insee, 37,8 % des chômeurs sont sous le seuil de pauvreté ; mais également 8,4 % des personnes en emploi et 8,7 % des retraités. Autres chiffres préoccupants : 21 % d'enfants vivent dans la pauvreté, et près d'un enfant sur huit n'a aucun parent en emploi. Les familles monoparentales sont particulièrement fragiles : 33,6 % des personnes vivant dans ce cadre sont elles aussi en dessous du seuil de pauvreté[1].

Dans son dernier rapport annuel, le Secours catholique explique qu'il a soutenu 1,4 million de personnes, dont plus de 650 000 enfants, en 2019. Le niveau de vie médian de ces personnes s'élevait à 537 euros, bien en dessous du seuil de pauvreté fixé en 2018 à 1 063 euros. L'association a par ailleurs examiné le budget de 3 000 familles dont elle assure le suivi. Une fois qu'elles se sont acquittées des dépenses contraintes (loyer, assurances, factures…), la moitié de ces familles se retrouve avec 9 euros par jour et par personne pour vivre. 9 euros pour se nourrir, s'habiller, acheter des produits de toilette et d'hygiène… De loisirs, on ne parle même pas[2]. Du fait de l'accroissement constant des dépenses contraintes durant les dernières décennies, les familles sont placées devant des dilemmes déchirants

---

1. « France, portrait social : édition 2019 », rapport annuel 2019, Insee.fr. Le chiffre renvoie à l'année 2017.
2. « La cantine ou le loyer… », *Le Monde* avec l'AFP, 12 novembre 2020.

et insolubles : payer la cantine des enfants ou s'acquitter du loyer ? Se nourrir ou s'habiller ? Ce sont des choix proprement impossibles, s'alarme le Secours catholique.

Malheureusement, à cause de la pandémie et de ses innombrables répercussions économiques, des centaines de milliers de personnes qui jusque-là avaient été épargnées par ces dilemmes insurmontables se retrouvent elles aussi dans une grande précarité. La société du risque est décidément imprévisible et les chiffres de l'Insee sur la pauvreté, publiés en 2020, sont d'ores et déjà obsolètes… Selon les associations caritatives, la crise sanitaire a fait basculer en quelques mois près d'un million de personnes dans une nouvelle précarité. Estimation basse dans la mesure où toutes les répercussions de la crise sont encore loin d'être soldées. Cette précarité touche de nouvelles franges de la population qui ne disposent pas de filets de sécurité : les nombreuses personnes en CDD, les intérimaires, les autoentrepreneurs, les intermittents du spectacle… Les jeunes, les étudiants, sont particulièrement victimes de la crise, privés du petit job, souvent dans la restauration, qui leur assurait un revenu minimum. L'ampleur de la crise s'est notamment matérialisée par l'afflux sans précédent vers les banques d'aide alimentaire. Les associations ont été littéralement submergées par l'arrivée de nouveaux publics : étudiants n'ayant plus accès aux restos universitaires, familles modestes confrontées à la fermeture des cantines durant le premier confinement, travailleurs précaires sans emploi et sans ressources… Dans tous les médias, on a pu lire et entendre les témoignages de ces hommes et de ces femmes démunis, déchirés entre des sentiments de honte et de résignation, qui n'auraient jamais imaginé devoir faire un jour la queue devant des antennes des Restos du cœur ou du Secours populaire… Devant cette vague d'une ampleur inédite, le secrétaire général du Secours populaire a même parlé de « raz de marée de la misère[1] ».

Prendre sa part de la « misère du monde »

Misère… Un mot qui semble nous parler d'un autre siècle : on pense aux romans d'Hugo, de Zola, de Dickens, on pense à un monde désorienté par la modernité industrielle, un monde socialement brutal qui n'a pas encore été domestiqué et pacifié par l'État-providence… Bref, un monde qui serait désormais loin de nous dans le temps, relégué quelque part au XIXe siècle, ou alors un monde de misère loin de nous dans l'espace géographique, malédiction des pays qui tardent à trouver les voies d'un développement que nous aurions su trouver.

1. Marie Slavicek, « Les associations d'aide alimentaire face à un “raz de marée de la misère” », *Le Monde*, 19 juin 2020.

Retour au réel : cette misère est bien actuelle, elle est partout présente et visible, au sein de démocraties dites avancées et de pays considérés comme les plus riches du monde. Une misère que nous ne parvenons manifestement pas à éradiquer. En 1993, Pierre Bourdieu et son équipe de chercheurs publiaient un ouvrage promis à une grande audience, *La Misère du monde*[1]. Le livre était composé d'une suite d'entretiens avec des gens issus des classes moyennes et populaires. Le portrait de la misère est à multiples facettes : il y a le dénuement extrême, la détresse matérielle et existentielle, il y a aussi la petite misère, la vie étriquée, solitaire, pauvre socialement et culturellement. C'était il y a trente ans et, à vrai dire, tous ces témoignages restent d'une troublante actualité. On a même pu, lors du mouvement des Gilets jaunes, faire des parallèles entre la France des ronds-points et celle présentée dans le livre de Bourdieu. Des entretiens menés se dégageait l'impression d'existences repliées sur elles-mêmes, prises au piège de ce que Pierre Bourdieu appelait une « misère de position », c'est-à-dire un déterminisme social, un blocage des représentations et des structures sociales qui condamnaient les personnes à une vie immobile. Trente ans plus tard, les nouvelles technologies ont permis à des dizaines de milliers de personnes de se mobiliser et de se fédérer pour porter des

1. Pierre Bourdieu (dir.), *La Misère du monde*, Paris, Éditions du Seuil, 1993.

revendications d'une vie meilleure, des personnes semblables à celles présentées dans le livre de Bourdieu, des personnes qui vivaient jusque-là leur insatisfaction et leur frustration dans la solitude, ou dans l'isoloir au moment du vote.

Entre les deux dates, 1993 et 2018, politiquement – est-ce vraiment une coïncidence ? –, la social-démocratie a perdu une bonne partie de son électorat dans plusieurs grands pays européens. Les classes populaires semblent se détourner des partis traditionnels, accusés de laisser s'accroître les inégalités et de ne pas se saisir avec sincérité et efficacité des questions de justice sociale. Les extrêmes prospèrent sans grands efforts, des partis nouveaux, créés sur le rejet ou le dépassement des clivages classiques engrangent, au moins pour un temps, que ce soit en France, en Italie ou en Espagne, des résultats inattendus. En même temps, nos pays continuent d'être fortement redistributeurs, parmi les plus redistributeurs du monde. Où le bât blesse-t-il ? Cette redistribution est-elle insuffisante ? Mal ajustée ? Les défis posés à une société moderne sont-ils trop nombreux, trop complexes – parfois même contradictoires ? Les attentes d'une nation démocratique sont-elles trop élevées ? L'écart irrémédiable entre les idéaux consacrés par nos constitutions et la réalité sociale bien plus aléatoire n'est-il pas facteur de frustrations et de souffrances ? La misère est-elle objective ou subjective – et donc difficile à évaluer ? La pauvreté est-elle absolue ou relative – et donc impossible à éradiquer ? Autant de questionnements qui poussent parfois au découragement...

Pourtant, comme sur les questions environnementales et sociétales, une entreprise d'aujourd'hui, une entreprise engagée, ne peut s'accommoder de la « misère du monde » et ne peut céder au découragement. Sa responsabilité est de contribuer à réduire la précarité en donnant aux personnes des opportunités sociales et professionnelles, en renforçant leur sentiment d'avoir le contrôle de leur vie, subjectivement et objectivement. En remettant la personne au cœur même de son activité.

Que la personne soit une fin en soi, et non un moyen de gagner plus ou de produire moins cher, est un principe cardinal de la solidarité mutualiste. Appliquée à la délicate question de la précarité, cette solidarité ne doit pas être confondue avec de la charité ou de la commisération : c'est au contraire un principe de réciprocité (« l'autre, c'est moi ; moi, c'est l'autre ») où il ne s'agit pas de maintenir la personne fragilisée dans un état de dépendance, mais au contraire de l'aider à conserver ou à retrouver sa capacité d'agir, d'interagir, de faire des projets. C'est un principe, encore une fois, de prévenance. Pour une mutuelle d'assurance, cela signifie d'abord, concrètement, mettre en place différents dispositifs de solidarité à destination de ses sociétaires et adhérents afin de les aider à faire face aux difficultés de la vie, aux coups durs imprévus.

Il peut s'agir par exemple de prendre en charge les cotisations des contrats d'assurance d'un ou une sociétaire en perte d'emploi ; de couvrir les dépenses liées à un accident exceptionnel, non prévu par le contrat d'assurance souscrit ; ou encore d'acquitter des frais de santé imprévus et conséquents. À chaque fois, la solidarité mise en œuvre vise à éviter au sociétaire une double peine : un coup dur et des dépenses inattendues. On sait que les personnes aux revenus modestes vivent souvent, financièrement, sur un fil : l'équilibre est ténu, tout imprévu risque d'enclencher un engrenage de nouvelles difficultés. Nous sommes là pour les aider à stopper dès le début cet engrenage. Dans la société du risque, l'assureur est un partenaire de vie indispensable.

Outre ces dispositifs spécifiques de solidarité, directement liés à notre métier d'assureur, nous soutenons de nombreuses initiatives en faveur des publics fragiles. C'est sans doute l'une des vocations premières de l'économie sociale et solidaire. À travers notre Fondation, à travers nos investissements, à travers la nouvelle société que nous avons créée en novembre 2020, Macif Impact ESS, sous la bannière de French Impact, qui fédère au niveau national tous les acteurs de l'innovation sociale et environnementale, nous accompagnons de nombreux entrepreneurs sociaux, qu'ils relèvent d'ailleurs officiellement de l'ESS ou non, afin de leur permettre de se développer de manière pérenne. Nous concevons cet accompagnement comme une sorte de « pollinisation », qui permet de diffuser les bonnes idées et les bonnes pratiques dans la société, et dont nous-mêmes pouvons profiter pour enrichir nos propres offres et services.

Une précarité à multiples facettes

La précarité s'immisce dans les domaines les plus essentiels et les plus intimes de l'existence : se nourrir, se loger, se soigner. J'ai évoqué l'explosion que la crise sanitaire a provoquée en matière d'aide alimentaire. Les quelque 5 400 associations caritatives et épiceries sociales investies dans cette cause ont été littéralement submergées par les besoins. Mais les circonstances exceptionnelles que nous avons vécues à cause de la pandémie ne doivent pas occulter une tendance de plus long terme : la précarité alimentaire s'accentue en réalité depuis de nombreuses années. Elle touchait 3,5 millions de personnes en 2014, 5,5 millions en 2019 ; elle concerne aujourd'hui 8 millions de personnes. C'est dire si l'heure est grave. La cause est nationale. L'État finance des chèques d'urgence alimentaire – mais ceux-ci suffisent-ils ? Des appels sont lancés pour élargir les aides, développer un système de bons alimentaires sur le modèle des États-Unis : 40 millions d'Américains en seraient actuellement bénéficiaires[1]. Des responsables politiques défendent même l'instauration d'une « sécurité sociale alimentaire[2] ». Tous les acteurs engagés sur ces questions demandent plus de synergies entre l'État, les collectivités territoriales, les associations, les organisations professionnelles agricoles et les grandes enseignes de distribution.

Au sein de l'ESS, le Réseau Cocagne est un exemple inspirant de ce qu'il est possible de faire pour relever le défi de la précarité alimentaire, indissociable des questions d'insertion, de préservation de l'environnement et de transition agroécologique. Le Réseau Cocagne compte plus de 110 « Jardins de Cocagne » répartis sur toute la France métropolitaine. 4 800 salariés en insertion y sont employés et formés. Sur une année, ils fournissent 1 million de paniers de fruits et légumes bio, issus de circuits courts, aux habitants de leur région. Ce sont ainsi quelque 100 000 « consom'acteurs » qui contribuent à la transition environnementale et solidaire. En outre, une partie des paniers (environ 50 000) sont distribués à des familles aux revenus modestes. Le Réseau Cocagne est en recherche constante d'innovations sociales : à côté des Jardins, ce sont ainsi

1. Tribune de Christiane Lambert, présidente de la FNSEA, « La crise met en évidence l'impérieuse nécessité de redonner de la dignité à l'acte alimentaire », *Le Monde*, 16 décembre 2020.
2. Tribune de Sandrine Le Feur, députée (LRM) du Finistère, « Précarité alimentaire : n'est-il pas temps de concevoir un dispositif ambitieux ? », *Le Monde*, 21 janvier 2021.

des fermes horticoles (Fleurs de Cocagne) et viticoles (Vignes de Cocagne) qui ont été récemment mises en place, avec toujours la même ambition de contribuer à l'insertion de personnes au chômage, notamment les femmes, qui cumulent souvent les obstacles dans le long processus du retour à l'emploi, tout en s'engageant pour l'économie locale et la culture bio. De manière générale, le Réseau s'applique à renforcer les liens entre toutes les personnes qui gravitent autour de l'aide alimentaire (agriculteurs, consommateurs, bénévoles, travailleurs sociaux…) afin de rendre plus accessible à des publics fragiles et/ou solidaires une alimentation saine et locale. Un objectif concrétisé par la mise en place des « territoires de citoyenneté alimentaire », axés sur la formation et la sensibilisation, qui favorisent justement ces synergies.

La précarité, c'est aussi être mal logé, logé dans un habitat dégradé, vétuste, insalubre, voire dangereux, en un mot : un habitat indigne. Selon la Fondation Abbé-Pierre, 4 millions de personnes seraient aujourd'hui mal logées en France, et 12 millions seraient confrontées à des problèmes plus ou moins graves liés au logement (précarité énergétique, loyers excessifs par rapport au budget, impayés, suroccupation…). Le mal-logement prend ainsi de nombreuses formes, parfois des formes extrêmes. La Fondation Abbé-Pierre, en coopération avec l'association Alpil, a publié sur son site en janvier 2021 un émouvant photoreportage, *Habitat refuge(s)*, fruit de brèves rencontres avec des personnes seules ou des familles menant une existence marginalisée dans des habitats de fortune, quelque part dans l'agglomération lyonnaise[1]. Les photographies disent le dénuement, l'absence de perspective, le provisoire qui s'éternise. Les textes racontent les mêmes difficultés, les mêmes démarches et les mêmes impasses : un parc privé trop cher, une attente très longue, trop longue pour accéder à des logements sociaux, la saturation des dispositifs d'hébergement, et finalement la débrouille pour tenter de conserver un minimum de contrôle sur sa vie et échapper à la rue, contrôle qui se révèle rapidement bien limité. Les solutions trouvées sont l'ultime protection avant la rue : meublé exigu sans commodité, local sur son lieu de travail, caravane, voiture, cabane, tente… Ce photoreportage montre bien l'engrenage de privations de droits qu'engendre le mal-logement : sans un habitat décent, c'est la santé des personnes qui est rapidement en jeu, c'est le droit à avoir une vie privée et familiale qui est entravé, c'est la vie sociale et professionnelle qui devient impossible, c'est l'éducation et la scolarisation des enfants qui ne sont plus garanties.

Le mal-logement est souvent le résultat de drames à la fois individuels et collectifs : des trajectoires personnelles chaotiques et des contextes géopolitiques

1. « Habitat refuge(s) : la réalité du mal-logement en Auvergne-Rhône-Alpes », Fondation-abbe-pierre.fr, 12 janvier 2021.

extrêmement tendus. On sait par exemple à quel point la question des migrants et des réfugiés est aujourd'hui pressante. On voit au centre même de nos villes l'accroissement et le retour sans fin des campements et des squats. Toutes les projections alertent sur une augmentation inexorable du nombre de migrants dans les années et décennies à venir, notamment des réfugiés « climatiques » fuyant des conditions de vie de plus en plus difficiles, marquées par les pénuries et les conflits autour de ressources qui se raréfient. Les associations considèrent qu'il manque aujourd'hui au moins 20 000 places d'hébergement, notamment pour répondre aux besoins des demandeurs d'asile. Selon les chiffres du ministère de l'Intérieur, moins d'un demandeur d'asile sur deux accède aujourd'hui à un hébergement spécialisé[1]. L'autre moitié n'a d'autre choix que d'errer de squats en campements sauvages.

À côté de ces situations tragiques et de cet extrême dénuement, il y a aussi une précarité discrète qui touche des millions de personnes : exiguïté, suroccupation, prix excessifs, mauvaise isolation… La crise sanitaire, les confinements successifs, les dérèglements climatiques qui rendent certains habitats inconfortables voire invivables, ont accentué la prise de conscience nécessaire autour de ces problèmes.

---

1. Tribune de plus de 130 élus locaux d'Île-de-France, « L'urgence d'un accueil digne des personnes sans domicile fixe, migrantes et réfugiées », *Le Monde*, 23 décembre 2020.

Concrètement, que peut faire une entreprise engagée pour contribuer à réduire cette forme de précarité liée à l'habitat, qu'elle soit extrême ou plus modérée ? Tenter d'être un partenaire proactif dans l'écosystème de l'innovation sociale ; offrir son expertise en matière de logement (conseil en assurance, rénovation, matériaux écologiques...) ; soutenir les associations qui ont une approche holistique du problème et inscrivent la question du logement dans celle plus vaste de l'insertion sociale et professionnelle. Notre Groupe est ainsi un partenaire de longue date de la Fondation Abbé-Pierre. Il soutient également l'association des Compagnons bâtisseurs qui, depuis plus de soixante ans, accompagne locataires et propriétaires disposant de peu de moyens dans la rénovation de leur logement. Chantiers de formation et d'insertion, ateliers collectifs, prêt de matériel : autant d'occasions d'apprendre, d'échanger, de développer l'entraide entre personnes d'un même territoire et d'acquérir, au bout du compte, une plus grande autonomie et une meilleure maîtrise de son espace de vie.

Dans le chapitre précédent, j'ai longuement évoqué la question de la santé, qui est un enjeu essentiel de justice sociale. C'est d'autant plus évident pour les publics précaires, pour lesquels cette question se situe à la lisière du social et du sanitaire. La problématique principale est ici celle de l'accès aux soins : non seulement en termes de coûts, mais aussi et d'abord en termes d'accessibilité physique et de disponibilité mentale. Comment aller vers l'autre demander de l'aide quand son existence se vit depuis longtemps dans l'isolement et la débrouille ? Comment aller taper à la porte d'une institution, quelle qu'elle soit, cabinet médical ou hôpital, quand on se sent illégitime, en dehors de la société, et que l'institution incarne précisément la société légitime ? C'est pourquoi aller à la rencontre de ces personnes isolées ou marginalisées est la première démarche à engager. Puis il faut créer du lien, accueillir les personnes dans un local dédié, initier un accompagnement par des rencontres répétées, apporter les soins nécessaires. Tout ce travail qui demande une grande empathie et un véritable don de soi, de nombreuses associations caritatives l'effectuent au quotidien, en toute discrétion. Le rôle d'une entreprise engagée, c'est d'apporter un soutien financier et logistique à ces structures, de permettre une meilleure reconnaissance de leurs activités, de favoriser la diffusion des bonnes pratiques, de renforcer la solidarité collective.

Un exemple parmi d'autres d'action menée dans le domaine de la santé au service des personnes précaires : l'association À vos soins, implantée dans la région de Saint-Nazaire et engagée dans la lutte contre la désertification médicale, a mis au point un camion itinérant, embarquant une équipe d'infirmières et de médecins et disposant de tout le matériel nécessaire. Baptisé « Le MarSoin », le camion est une sorte de cabinet médical mobile qui parcourt les campagnes à la rencontre d'habitants éloignés des structures traditionnelles, souvent dans des situations précaires, qui ont ainsi la possibilité d'échanger avec des professionnels de la santé et de bénéficier de diagnostics et de dépistages.

Parmi les publics précaires, les femmes présentent souvent, en matière de santé, des besoins spécifiques, des vulnérabilités plus grandes. Leur corps est particulièrement exposé : à travers les grossesses qu'elles doivent parfois assumer dans des conditions difficiles, à cause des violences physiques qu'elles subissent trop souvent. L'association Femmes SDF accompagne des femmes très fragilisées, des femmes en errance, qui portent sur leur corps les stigmates d'une existence précaire. Elle essaie de les accompagner et les aide à restaurer leur intégrité physique et l'image dégradée qu'elles ont d'elles-mêmes. Elle tente aussi de les associer à des projets, afin que leur existence individuelle retrouve un sens en se nourrissant de l'énergie et de la solidarité collectives.

* * *

Dans son ouvrage *La Misère du monde*, Pierre Bourdieu utilisait l'expression de « vie perdue » pour décrire le sentiment ressenti par de nombreuses personnes interrogées. Quelle violence faite à soi-même que de considérer que sa propre existence est « perdue » – du fait des hasards de la naissance, des contingences économiques et du positionnement social –, n'est plus récupérable, n'est qu'un échec que l'on traîne sans espoir de meilleurs lendemains ! En même temps, interrogé sur la question de savoir si son livre devait incliner au pessimisme, Bourdieu répondait que non, que communiquer sur cette souffrance, dire cette misère, rendre visible des existences invisibles était un premier pas vers la réparation, la réappropriation de soi, la restauration de sa dignité et de son autonomie. Ce premier pas, si difficile à faire, c'est par notre implication collective que nous le rendrons possible. Un premier pas qui en appellera un deuxième, puis un troisième jusqu'à ce que les existences fragilisées retrouvent des trajectoires plus fluides, plus linéaires.

Une chose est sûre : alors que le modèle démocratique semble aujourd'hui fragilisé à l'échelle du globe et que les régimes illibéraux et autoritaires prétendent incarner un type d'organisation sociale et politique plus efficace, moins erratique, davantage susceptible de répondre aux besoins fondamentaux des populations, il est vital pour nos démocraties qu'elles parviennent à tenir leurs promesses : promesses de solidarité et de protection, de libertés fondamentales et d'égalité des chances. Laisser tant de personnes sur le bord de la route fragilise inexorablement nos sociétés démocratiques à l'intérieur et les discrédite à l'extérieur.

******

Chapitre 8

Entendre la jeunesse

Ces dernières années, les médias ont donné de la jeunesse une image pour le moins contrastée. À partir de l'automne 2018, les grandes manifestations en faveur du climat, les Fridays for Future, organisées partout à travers le monde, ont montré une jeunesse mobilisée, débordant d'inventivité et d'énergie, bien décidée à ne pas se laisser confisquer son avenir. Cette jeunesse bruyamment et joyeusement engagée pour le climat, cette Youth for Climate, a joué, sans aucun doute, un rôle déterminant pour accélérer la prise de conscience mondiale que notre maison brûle : une jeunesse défiant les États et les institutions, faisant la leçon aux « boomers », interpellant les responsables politiques nationaux et internationaux, et qui a fait souffler un vent de fraîcheur et d'espoir salutaire.

Et puis, brutalement, hiver 2020, la pandémie a pris possession du globe et a stoppé net toutes les mobilisations. Et c'est une autre image de la jeunesse qui a alors circulé : des lycéens et des étudiants cloîtrés chez eux, des facs vides, des cafés fermés, des jeunes coupés de cette sociabilité si nécessaire à la construction de soi et qui fait tout le sel des années de formation. La crise s'est installée dans la durée et pour toute une génération, étudiante ou non, ce temps suspendu a généré anxiété et découragement. Trouver un petit job pour payer les dépenses du quotidien est devenu une gageure ; dégoter un stage ou un contrat de travail a relevé de la mission impossible ; recourir aux banques alimentaires a été, pour des jeunes de plus en plus nombreux, la seule manière de faire face à une précarité inédite. Cruelle expérience qu'ont dû faire ces jeunes gens. À un âge où l'on a légitimement le sentiment d'avoir la vie devant soi et où la tête fourmille d'envies et de projets, ils se sont retrouvés privés de perspectives et d'horizon. Il faut espérer que nous sortirons tous bientôt du tunnel et que cette génération parviendra à tirer de cette rude expérience un surcroît d'énergie et de motivation pour préparer des lendemains meilleurs.

Je tenais à clore cet ouvrage en évoquant cette jeunesse – point d'arrivée qui est un point de départ. « La jeunesse, c'est l'avenir » : un thème sans doute convenu, un slogan pour le moins rebattu. Et pourtant… Non seulement la crise actuelle fragilise les jeunes plus que tout autre classe d'âge et invite à appréhender cette tranche de la population comme une problématique urgente et à part entière, mais la jeunesse représente aussi pour nous, mutualistes, un enjeu central. En tant qu'acteurs de l'économie sociale et solidaire, nous sommes très investis dans les projets de formation et d'insertion des jeunes. Et comme notre vocation est d'aider à garantir l'autonomie des personnes, nous sommes aussi particulièrement attentifs aux besoins d'un public qui se trouve justement à un âge charnière où s'acquiert l'autonomie. Parallèlement, grâce à leur engagement associatif, grâce au temps qu'ils sont disposés à donner pour les causes auxquelles ils croient, les jeunes constituent l'une des forces motrices de l'ESS et nous leur sommes redevables de leur précieux secours. Ainsi sont-ils à la fois instigateurs et destinataires de l'ESS et cette symétrie des rôles sied plutôt bien à l'esprit mutualiste.

J'ajouterais que pour la pérennité de notre groupe et, plus généralement, pour celle du modèle mutualiste, il est vital de garder le contact avec la jeunesse, de la sensibiliser aux vertus de notre modèle afin de permettre le passage de relais. Rajeunir notre sociétariat, intégrer les nouvelles générations dans notre entreprise : ce sont des conditions indispensables pour que notre modèle perdure, s'améliore, soit transmis et continue d'irriguer la vie sociale et économique dans les décennies à venir.

Mais… qui sont les jeunes ?

Mais à propos : de qui parlons-nous ? Qui sont ces « jeunes » que l'on enferme un peu rapidement dans une catégorie homogène comme s'ils étaient interchangeables, comme s'ils avaient tous les mêmes parcours et les mêmes aspirations ? De fait, la jeunesse, comme toute catégorie statistique et démographique, est une construction un peu floue et artificielle. Et d'ailleurs, quand commence-t-on à être « jeune » et quand cesse-t-on de l'être ? Faut-il considérer la tranche d'âge entre 15 et 24 ans, comme le font couramment les organisations internationales comme l'ONU ? Ou celle des 18-29 ans, comme le fait l'Insee dans la plupart de ses études ? À cinq ans près, les enjeux ne sont pourtant déjà plus exactement les mêmes.

Partons de quelques chiffres donnés par l'Insee, justement, pour nous faire une première image de cette génération[1]. En France, les jeunes de 18 à 29 ans représentent aujourd'hui plus de 9 millions de personnes, soit 13,7 % de la population. C'est, soit dit en passant, la même proportion que les personnes de plus de 65 ans (13,4 %). Peut-être y a-t-il ici matière à penser une meilleure complémentarité entre ces deux âges de la vie. Que font ces jeunes ? Ils sont d'abord, logiquement, dans leur grande majorité scolarisés, puis entrent progressivement dans la vie active. À 18 ans, le taux de scolarisation est de 80 % ; à 21 ans, les jeunes sont encore 44 % à poursuivre des études ; à 25 ans plus que 12 %.

1. « France, portrait social : édition 2019 », Insee.fr, 19 novembre 2019.

Entre 18 et 24 ans, entre 10 à 15 % des jeunes cumulent emploi et études. Puis entre 21 et 24 ans, 41,6 % des femmes et 49,6 % des hommes travaillent. Entre 25 et 29 ans, ces chiffres montent respectivement à 68,2 % et 76,3 %. L'une des grandes préoccupations sociales est, à juste titre, le taux de chômage des jeunes. Il est malheureusement élevé, et en hausse ces dernières années : ainsi, fin 2020, le chômage des jeunes de 15 à 24 ans s'élève à près de 22 % de la population active de cette classe d'âge (contre 9 % pour la population globale)[1]. Un chiffre qui nous impose à, nous entreprises, une responsabilité toute particulière.

Au-delà des chiffres, tentons de saisir la jeunesse dans son contexte générationnel. On a souvent parlé, ces dernières années, de la « génération Y », les fameux *millennials* nés entre le début des années 1980 et la fin des années 1990, et de la « génération Z », les jeunes nés à partir des années 2000. Cette approche générationnelle permet-elle de dégager quelques caractéristiques générales ? Sans nul doute, ces jeunes partagent une expérience culturelle et anthropologique majeure : ce sont des enfants du numérique, ils ont grandi et ont été socialisés dans un environnement saturé de technologie digitale. On utilise d'ailleurs fréquemment une troisième lettre pour désigner ces *digital natives* : la « génération C »,

1. « Au troisième trimestre 2020, le taux de chômage rebondit fortement et atteint 9,0 % », Insee.fr, 10 novembre 2020.

C pour *computer*, *click*, *connected*. Une hyper-connectivité qui change la manière d'apprendre, de s'informer, de consommer, de travailler, de se rencontrer, de s'organiser, de se distraire… bref, qui fait naître un nouveau monde. Il faut bien sûr se garder d'idéaliser ce nouveau monde. Les nouvelles technologies perpétuent souvent les problèmes anciens, et la fracture numérique aggravée par des phénomènes d'illettrisme numérique vient renforcer les inégalités classiques. Les jeunes ne sont pas épargnés par ces difficultés et le nouveau monde digital n'est pas l'eldorado.

Ces générations Y et Z, qui se retrouvent donc dans la génération C, sont certainement aussi les enfants de l'après 1989 : un monde bipolaire devenu multipolaire, des grandes idéologies qui ont perdu en crédibilité et en force d'entraînement, la généralisation de modes de vie individualisés et marqués par une forte consommation. Selon certaines études, la consommation réelle par tête aurait par exemple augmenté en France, entre 1979 et 2010, de plus de 85 %[1] ! L'érosion des figures d'autorité, la perte d'influence des grandes matrices collectives (Églises, partis politiques, syndicats), les mutations du modèle familial créent de nouvelles conditions d'existence

1. Guillaume de Calignon, « Le niveau de vie a augmenté à chaque génération », *Les Échos*, 1er mars 2017. L'article reprend une étude menée par des chercheurs de l'École d'économie de Paris et de l'université Paris-Ouest-Nanterre-La Défense.

qui valorisent l'autonomie individuelle et la liberté de choix, tout en faisant peser le poids de la responsabilité personnelle sur ces choix de vie. En somme, plus de libertés mais moins de certitudes ; plus d'autonomie mais des trajectoires plus aléatoires.

Les années de post-adolescence se ressentent de ces évolutions sociologiques et culturelles. La notion d'« adulescence », qui a rencontré un certain succès ces dernières années, suggère ainsi une adolescence qui n'en finit pas, un âge adulte qui tarde à advenir, une transition en douceur qui s'étire entre deux âges de la vie, au gré des études qui s'allongent, des modes de vie qui privilégient la liberté individuelle et la variété des expériences, au gré aussi des difficultés à trouver un premier emploi stable qui permette de se projeter dans l'avenir. Une adulescence naguère croquée avec humour par Étienne Chatiliez à travers le personnage de *Tanguy* et qui balance entre les attraits de l'autonomie et les réticences devant des engagements perçus comme prématurés. Critères parmi d'autres pour saisir ces évolutions : en une génération, l'âge moyen du mariage a reculé de près de quatre ans pour les femmes et de trois ans pour les hommes : il s'établit aujourd'hui respectivement à 31,2 ans et 32,9 ans (contre 27,4 et 29,9 en 1996). L'âge moyen du pacs se situe quant à lui encore un peu plus tard (32,8 ans pour les femmes, 34,8 ans pour les hommes). Autre chiffre significatif : l'âge auquel une femme a son premier enfant a clairement augmenté ces dernières décennies : il était de 24 ans en 1974, il est aujourd'hui de 28,5 ans[1].

Valeurs, mobilisation, engagement

En changeant la donne en matière de partage d'informations, de témoignages, de récits de soi, de mobilisation spontanée, la révolution numérique a modifié l'une des activités privilégiées de la jeunesse : son engagement pour des causes sociales et environnementales. Couplées à l'idéal d'autonomie, ces technologies permettent en effet de prendre position, d'exprimer son soutien ou son indignation de manière plus ponctuelle, plus spontanée, moins contraignante. Il suffit de relayer une information ou un hashtag, de poster un commentaire, de partager une vidéo, d'alimenter un blog… D'après une étude récente, 47 % des jeunes ont, en 2020, soutenu une cause sur Internet, via les réseaux sociaux ou en signant une pétition en ligne – un chiffre en augmentation de 11 points par rapport à 2015[2]. Si les formes d'engagement conventionnel (vote aux élections, soutien d'un parti politique ou d'un syndicat)

1. « Les chiffres clés 2019 de la jeunesse », Injep.fr, 2019.
2. Lucie Brice Mansencal, Manon Coulange, Colette Maes *et al.*, « Baromètre Djepva sur la jeunesse 2020 », rapport d'étude, Injep.fr, 21 décembre 2020.

sont tendanciellement en retrait depuis plusieurs années, en revanche le nombre de jeunes bénévoles investis dans une association augmente et a représenté 40 % des jeunes en 2020.

Quelles sont les grandes causes pour lesquelles les jeunes se mobilisent ? Le climat, bien sûr, qui touche directement leurs conditions de vie futures. La cause animale, le respect de la nature en général, avec une conscience accrue de la violence faite à la vie dans toutes ses formes et que les nouvelles technologies permettent plus facilement de documenter. L'égalité des genres, la lutte contre les violences faites aux femmes, sont également parmi leurs engagements prioritaires, comme le respect de la diversité et les luttes contre les discriminations ethniques ou raciales. Pourquoi une telle sensibilité à ces questions qui, au fond, ne sont pas nouvelles ? Probablement parce que l'organisation en réseaux, horizontale et décentrée, s'accommode mal des hiérarchies d'une autre époque. Parce que la valorisation des droits individuels auxquels cette génération est très attachée est peu compatible avec la violence symbolique et réelle exercée à l'encontre d'une partie de la population. Parce que les nouvelles technologies ont permis une libération de la parole et une mobilisation en accéléré, certes parfois déconcertantes, dans certains cas problématiques, mais susceptibles de contourner les pesanteurs institutionnelles, de briser les tabous et de lever les impunités. En offrant à chacune et chacun une tribune, les nouvelles technologies nous font vivre dans un brouhaha permanent, mais elles donnent en même temps à toutes les sensibilités une chance de s'exprimer. Ajoutons que le visage de la jeunesse a changé en quelques décennies : c'est une population plus diverse, plus hétérogène, qui n'est pas seulement issue de l'immigration des années 1970, mais aussi d'une immigration plus récente[1]. À cet égard, Tanguy n'est pas le seul représentant de la jeunesse française : Dounia, Maimouna et Djigui dans le beau film *Divines*, multiprimé aux Césars en 2016, qui met en scène un groupe de jeunes de quartiers populaires à la recherche d'un sens dans leur existence, sont tout aussi représentatifs de cette nouvelle jeunesse. Là encore, les nouvelles technologies permettent à cette diversité de s'exprimer, d'être visible, alors que les médias traditionnels sont plus lents à opérer leur mue.

Dans le *Petit dictionnaire #moderne#amusé#sincère#amoureux du mutualisme Macif* (2020), nous avons défini les jeunes de la manière suivante : « Personnes dans la première période de leur vie, auxquelles nous accordons toute notre attention, afin de répondre à leurs besoins spécifiques (priorité prévention, offres adaptées…), de respecter leurs modes relationnels (omnicanalité) et de mieux comprendre les évolutions de notre société. » Notre vocation est d'accompagner ces jeunes sur la voie de l'autonomie,

1. Jérôme Fourquet, *L'Archipel français*, *op. cit.*, p. 133 *sq.*

de les aider à partir dans la direction qu'ils souhaitent et de sécuriser leurs trajectoires. Transition numérique, dérèglement climatique, justice sociale : les défis auxquels la jeune génération est confrontée sont immenses et nous devons lui permettre de mettre toutes les chances de son côté. Le monde de l'entreprise, en particulier, doit la soutenir et lui faire une place privilégiée.

Une autonomie fragilisée

Je citais plus haut le chiffre du chômage des jeunes qui se situe aux alentours de 22 % et qui ne faiblit pas depuis de nombreuses années. La crise a rendu la situation plus incertaine encore. De très nombreux jeunes en CDD, intérim ou entre deux contrats se sont retrouvés du jour au lendemain sans travail et sans perspectives, et la plupart ne bénéficient pas d'une couverture sociale suffisante. Autre sujet de préoccupation : les jeunes sortis des radars, qui ne sont ni en études ni en apprentissage, qui ne travaillent pas et ne sont suivis ni par Pôle emploi ni par une mission locale. On utilise fréquemment l'acronyme anglais « Neet » pour les désigner : *neither in employment nor in education nor in training* (« ni en emploi, ni en études, ni en formation »). Les estimations varient, mais on estime leur nombre à 460 000 (jeunes de 15 à 29 ans).

Sans travail, sans revenus, beaucoup de jeunes vivent dans des conditions très précaires. Ils forment, depuis plusieurs années, la catégorie d'âge la plus touchée par la pauvreté. On estime que 20 % des 18-29 ans disposent d'un revenu inférieur à 60 % du salaire médian (contre 14,8 % pour l'ensemble de la population)[1]. Et cette part des jeunes en dessous du seuil de pauvreté a sensiblement augmenté ces quinze dernières années[2]. On a beaucoup évoqué, depuis le début de cette longue crise, les difficultés que nombre d'entre eux rencontrent pour se nourrir, notamment les étudiants depuis la fermeture des « restos U ». On a aussi évoqué la difficulté d'accéder aux soins médicaux, par gêne, par autocensure, par négligence. Un autre problème essentiel est celui du logement – et du mal-logement. Le loyer constitue une part très importante de leur budget : or, comme l'on sait, le prix des locations n'a cessé d'augmenter ces dernières décennies, et celui des petites surfaces est proportionnellement le plus élevé.

Bref, sans verser dans le catastrophisme, difficile de ne pas s'inquiéter quand on voit tous les obstacles qui empêchent la jeune génération de se lancer dans la vie. La crise actuelle a au moins le mérite de jeter une lumière plus vive sur cette situation. Les débats

1. Chiffres Insee 2018.
2. Voir l'entretien avec Anne Bruner, directrice d'études à l'Observatoire des inégalités, « La baisse d'activité économique touche les jeunes de plein fouet », Inegalites.fr , 27 janvier 2021.

s'animent ces derniers mois, dans la sphère politique et associative, et tournent principalement autour de la nécessité ou non d'accorder un revenu minimum aux jeunes de moins de 25 ans. Depuis l'introduction du RMI, puis du RSA, un consensus assez large s'était établi dans la classe politique pour en exclure les 18-25 ans, au motif que ces aides auraient un effet désincitatif. Les partisans d'un revenu minimum contestent cet argument et estiment paradoxal que les jeunes soient reconnus majeurs sur le plan civique à 18 ans, mais ne disposent d'aucun droit social avant 25 ans. Aujourd'hui, dans le contexte de crise, ils redonnent de la voix et proposent différents types de mécanisme : revenu minimum unique sous conditions de ressources aux jeunes en grande précarité à partir de 18 ans ; élargissement du RSA aux moins de 25 ans sans ressources ; dotation universelle de plusieurs milliers d'euros… Certains préconisent également, sur le modèle des pays scandinaves, des systèmes de prêts, notamment pour les étudiants, garantis par l'État. Il existe certes déjà en France quelques mécanismes de solidarité, comme la « garantie jeunes », qui apporte une aide à 100 000 jeunes en difficulté et qui doit être étendue prochainement à 50 000 autres jeunes précaires. Un plan d'urgence a également été décrété l'été dernier, doté de plusieurs milliards. Beaucoup d'observateurs estiment que ce plan était nécessaire, mais qu'il ne suffira pas à répondre à tous les aspects du problème. Quoi qu'il en soit, s'il n'y a probablement pas de formule parfaite en matière de protection et d'insertion des jeunes, il est urgent de réfléchir collectivement et sans idéologie à cette question. Avec, pour leitmotiv, toujours la même interrogation : comment aider un jeune ou une jeune à acquérir son autonomie, à prendre confiance en lui, en elle, à avoir confiance dans le collectif, dans les institutions, dans les autres générations et à se lancer avec une belle énergie dans la vie ?

Charlotte, Idriss, Anne-Cécile et les autres

Pour apporter des réponses concrètes à cette interrogation, notre Groupe intervient sur trois registres.

D'abord, nous menons une politique concertée et volontariste pour promouvoir l'intégration des jeunes salariés au sein de notre groupe. Si l'entreprise doit s'ouvrir à la société, elle doit faire une place privilégiée aux jeunes générations. Elle doit être conçue comme un lieu d'apprentissage et de formation, comme un espace de promotion et d'émancipation. Les réflexions que j'ai exposées dans les chapitres précédents sur le management par la confiance, sur la gestion d'un collectif où chacun trouve une reconnaissance satisfaisante et les conditions d'une réalisation de soi, s'appliquent à toutes nos collaboratrices et collaborateurs sans exception, et donc aux plus jeunes d'entre eux. L'idée que les jeunes seraient taillables et corvéables à merci, parce qu'ils débutent, parce qu'ils devraient faire leurs preuves, qu'ils auraient un seuil d'acceptation plus élevé et que travailler beaucoup pour peu d'argent constituerait une sorte de rite d'initiation ne trouve guère d'écho chez nous.

Ensuite, en tant que partenaire de vie, nous accompagnons nos sociétaires et adhérents à travers toutes les étapes importantes de l'existence. Entre 18 et 30 ans, beaucoup de changements ont lieu, beaucoup de décisions sont prises : apprendre à conduire, acheter une voiture ou une moto, déménager, s'installer quelque part, déménager à nouveau, commencer des études, se lancer dans la vie active, faire des projets de vie commune, avoir un enfant… Cette décennie est riche en événements, pleine de surprises et d'impondérables. Nous offrons aux jeunes personnes toute une palette de services adaptés à leurs besoins et à leurs moyens, en matière de logement, de mobilité, de crédit, de santé, afin qu'elles puissent mettre leur vie sur de bons rails. Prévention et protection pour une plus grande autonomie. Je tiens à ajouter que la relation que nous entretenons avec le jeune public n'est pas seulement de nature commerciale. Elle se noue autour d'affinités plus profondes. Les études d'image disent en effet toutes la même chose : il y a convergence de valeurs et d'intérêts entre la jeunesse et le mutualisme. Les jeunes se retrouvent pleinement dans les valeurs que nous défendons – solidarité, sens du collectif, proximité, responsabilité sociale et écologique… Ils ignorent malheureusement trop souvent la spécificité de notre modèle lorsqu'ils souscrivent un contrat d'assurance ou une mutuelle de santé. Il nous reste encore, probablement, à mieux le faire connaître.

Enfin, en tant qu'acteur de l'économie sociale et solidaire, nous sommes très engagés auprès de la jeunesse, sur le terrain, à travers nos missions, nos investissements, le soutien que nous apportons à de nombreuses associations. Mais ce soutien n'est pas à sens unique : il est partagé, réciproque, il essaime, il pollinise. Je l'ai dit à plusieurs reprises : les jeunes sont les forces vives de l'ESS. Des jeunes qui s'adressent à des jeunes, des jeunes qui s'adressent à des moins jeunes, des jeunes qui se sentent investis d'une mission sociale et environnementale, qui ont envie d'agir et de changer la société, à leur échelle, et qui s'en donnent les moyens. Des jeunes engagés qui savent identifier, près de chez eux, dans leurs quartiers, leurs territoires, les besoins de leurs pairs et de leurs proches.

Nous avons en 2020 mené une série d'entretiens de jeunes engagés, dont notre Fondation soutient le projet. Les témoignages recueillis, les expériences rapportées font souffler un grand vent d'espoir et communiquent une incroyable énergie. On oublie un instant les statistiques, les courbes, les pourcentages qui enferment la jeunesse dans des généralités sans visage, on oublie le misérabilisme qui se répand volontiers dans les médias, et on lit et on écoute ces récits de jeunes, inventifs, optimistes, malicieux, qui parviennent à améliorer la vie des gens, au quotidien. C'est Charlotte, tétraplégique pleine d'envies et d'idées, qui a lancé un site d'autopartage de véhicules spécialement aménagés pour les personnes à mobilité réduite lorsqu'elle s'est retrouvée un jour sans moyen de transport loin de chez elle et qu'elle s'est aperçue qu'aucune structure ne pouvait la prendre en charge. Son agence Wheeliz peut désormais compter sur une flotte de 1 500 véhicules adaptés et recense plus de 15 000 utilisateurs dont la vie a été littéralement changée grâce à cette initiative. C'est Idriss qui a monté une association, Agir ensemble, dédiée à la formation et à l'insertion des jeunes. Formation au Bafa, soutien scolaire, cours de conduite : grâce à l'implication de nombreux acteurs que le jeune homme a su fédérer, ce sont des centaines de jeunes et de moins jeunes qui trouvent les clefs de leur autonomie. C'est encore Anne-Cécile qui, devant la gentrification des centres-villes et le prix souvent inabordable des loyers, a fondé CoopColoc, une association qui propose des solutions de logements coopératifs pour les étudiants, en utilisant des logements sociaux momentanément vacants. Plus d'une centaine d'étudiants bénéficient aujourd'hui de ces solutions, à Bordeaux ou à Paris.

C'est Chloé, c'est Yann, c'est Loïc, c'est Myriam... Des dizaines, des centaines, des milliers de jeunes engagés qui partagent certainement le sentiment de Charlotte, la fondatrice de Wheeliz : « J'ai l'impression d'avoir rencontré beaucoup de gens, nous a confié la jeune femme, mais je n'ai jamais vraiment compris qui avait une réelle capacité d'action. [...] Je ne sais pas d'où vient le pouvoir. » Parce que ce pouvoir, souvent fantasmé, cette capacité d'action, que l'on voudrait voir incarner par des acteurs publics tout-puissants, ce sont ces jeunes qui les détiennent, c'est eux, c'est nous, c'est nous tous, ensemble, qui les détenons.

******

Quelques mots pour conclure

Pour une société de la prévenance

Il y aura nécessairement un avant et un après, a-t-on souvent entendu dans les premiers mois de la pandémie : il y aura le « monde d'après ». Un an plus tard, l'expression semble être employée avec davantage de parcimonie. Passé l'état de sidération, on est peut-être saisi par le découragement devant l'immensité de la tâche à accomplir pour faire advenir ce fameux monde d'après. Et puis, progressivement, la vie semble reprendre ses droits, avec ses imperfections, ses injustices, ses duretés, mais celles-ci nous paraissent finalement familières, comparées au choc inouï qui nous a frappés sans préavis. Mais oublions les formules toutes faites, forgées sous le coup de l'émotion, certes légitime, car elles nous font peut-être commettre des erreurs de jugement. Le monde d'après, c'est évidemment déjà le nôtre. Le monde d'après, c'est celui que nous préparons depuis des années. Le monde d'après, c'est la somme de nos actions, de nos choix, de nos valeurs, hier, aujourd'hui, demain : il n'y a pas de rupture dans la marche de l'histoire, pas de grand soir ni d'aube rayonnante, tout au plus des événements, des accélérations, dont nous devons tirer les leçons. Cela signifie que chacun de nous est acteur de la transformation qu'il ou elle appelle de ses vœux, que chacun de nous porte une responsabilité, dans sa vie de tous les jours, comme citoyen, comme salarié, comme dirigeant politique ou économique, comme acteur engagé de la société civile, comme personne privée, pour modeler un monde un peu plus juste, un peu plus respectueux, un peu moins violent, un peu plus hospitalier. Cela requiert une forme d'humilité, de patience, de persévérance, d'engagement au quotidien, de fidélité à ses valeurs et également une certaine dose de pragmatisme. Cette approche se retrouve, je crois, dans l'esprit du mutualisme, et dans celui de l'économie sociale et solidaire en général.

Il se trouve que l'idée de cet ouvrage a germé quelques mois avant que n'éclate la pandémie. Nous souhaitions jeter sur le papier, à destination des entrepreneuses et entrepreneurs qui s'interrogent sur le sens et la direction qu'ils veulent donner à leur activité, mais aussi d'un public plus large, intéressé par les questions sociales et économiques, un certain nombre de réflexions sur les défis de notre époque et les réponses que nous pouvions leur apporter. Nous voulions faire mieux connaître notre modèle, un modèle peu connu, trop souvent réduit à un dispositif d'assurance santé complémentaire. Nous avions envie d'expliquer sa pertinence, d'en convaincre d'autres que nous – qui sommes depuis longtemps convaincus. Nous souhaitions inscrire ce modèle dans le temps long de l'histoire, afin de faire ressortir son étonnante capacité d'adaptation, son aptitude à se réinventer, à innover. Nous voulions mettre en évidence son indémodable actualité. Il nous semblait que l'heure était opportune, que le renouveau des communs, soutenu par la révolution technologique et l'essor de l'économie de partage, signalait un retour en grâce, au sein même des démocraties libérales capitalistes, d'une autre forme d'économie, innovante, dynamique, démocratique, porteuse d'avenir. Il nous semblait que la catastrophe écologique en cours exigeait urgemment de nouveaux modèles d'organisation économique et un sens aigu de la responsabilité collective. Il nous paraissait évident que les entreprises devaient se transformer pour redevenir ce qu'elles ont toujours eu vocation à être : des acteurs intrinsèquement sociaux, c'est-à-dire ancrés dans des territoires, des écosystèmes – sociaux, culturels, économiques, technologiques, politiques – et concernés par leurs enjeux, reflétant cette diversité, accueillant ce bouillonnement, tirant leur raison d'être de la nécessité d'entraîner dans leur mouvement des personnes en chair et en os, avec une identité, une histoire, des motivations, des talents, des besoins de reconnaissance, d'accomplissement et également de protection. Il nous semblait enfin que l'épuisement des modèles verticaux, que le développement de formes nouvelles de démocratie, où l'individu choisit plus librement ses communautés d'appartenance, où il dispose d'un pouvoir accru de choix et de décision en matière de consommation et d'engagement politique, exigeaient des entreprises une poussée réformatrice qui soit en phase avec cette démocratisation.

Bref, nous voulions écrire ce livre pour défendre et illustrer un modèle qui, dans ces différents domaines, sur ces différentes questions, nous paraît, non pas apporter la seule et unique solution, mais donner des réponses concrètes, originales, éprouvées, duplicables. La pandémie, qui a accompagné l'écriture de ces chapitres, n'a fait, au fond, que poser un miroir grossissant sur tous ces enjeux et confirmer nos hypothèses. Elle a rappelé une évidence qui avait peut-être besoin d'être rappelée. Une société démocratique ne peut tenir sans solidarité collective et sans un socle de biens communs : la santé, l'éducation, la science – ajoutons un environnement sain, un habitat digne, des transports accessibles… Elle a aussi rappelé la nécessité proprement vitale de garantir aux personnes, dans une société du risque, autonomie et protection.

Parce qu'elles constituent l'ADN du mutualisme, dont l'ultime finalité est la protection des personnes, il a souvent été question de « valeurs » dans cet ouvrage. Je souhaiterais clore mon cheminement en m'arrêtant sur une valeur, qui est aussi une attitude, une disposition d'esprit, un principe, une éthique, et sur laquelle nous souhaitons bâtir l'identité même de notre Groupe. Cette valeur, c'est la *prévenance.* Prévenance vis-à-vis de nos sociétaires, de nos adhérents, de nos clients, de nos partenaires et plus généralement vis-à-vis de toute personne et de son environnement.

Prévenance parce que le mot suggère un soutien discret, une bienveillance, une absence de jugement qui sied à notre métier. Prévenance parce que l'idée implique une proximité, une disponibilité, et en même temps une manière de s'effacer une fois le conseil donné ou l'aide apportée. Prévenance parce que le soin de la personne, sa santé, son bien-être, sont au cœur de nos préoccupations. Prévenance parce que la relation que nous établissons est une relation humaine et de confiance.

La prévenance, c'est le *care*, c'est le souci de soi et des autres, c'est une éthique située, personnalisée, c'est le respect de la dignité de chacun, au travail et dans sa vie personnelle et affective. La prévenance suggère nos destins discrètement entremêlés ; elle renvoie à notre sentiment de solidarité vis-à-vis de nos congénères, quels que soient leur âge et leur parcours de vie.

Enfin, la prévenance est aussi le souci de la nature et de toutes les formes de vie, de leur diversité, de leur singularité, de leur fragilité.

Pour toutes ces raisons, parce qu'elle est en quelque sorte la synthèse de la confiance et de la protection, nous avons choisi de faire de la prévenance le principe fondateur de notre Groupe. Si cet ouvrage pouvait contribuer à diffuser ce principe dans la sphère publique, à sensibiliser davantage à l'importance de cette valeur, dans les interactions sociales et dans le fonctionnement des entreprises, il aurait certainement plus qu'atteint sa cible.

* * * * * *

En soutien à

SOS
MEDITERRANEE

#TogetherForRescue

L'intégralité des droits d'auteur de ce livre est reversée à SOS MEDITERRANEE.

Depuis 2014, plus de 23 000 femmes, hommes et enfants sont morts noyés en Méditerranée en tentant la traversée sur des embarcations de fortune. SOS MEDITERRANEE est une association civile européenne de sauvetage en mer constituée de citoyennes et de citoyens mobilisés pour porter secours à celles et à ceux qui fuient l'enfer libyen au péril de leur vie. Depuis le début de ses opérations, en février 2016, SOS MEDITERRANEE a secouru avec l'*Aquarius* puis l'*Ocean Viking* plus de 34 000 personnes – dont 25 % de mineurs et 15 % de femmes. L'association est basée en France, en Allemagne, en Italie et en Suisse. Elle a reçu le prix Unesco Houphouët-Boigny 2017 pour la recherche de la paix.

Faites un don

www.sosmediterranee.fr

SOS MEDITERRANEE – CS 20 585

13205 Marseille cedex 01

Table

PARTIE 3
L'entreprise hors les murs

NORD COMPO
multimédia

Composition et mise en pages
Nord Compo à Villeneuve-d'Ascq

Imprimé à Barcelone par:
CPI Black Print

N° d'édition : L.01EHAN000121.N001
Dépôt légal : mars 2022